Mein kleines

BALKONIEN

Los geht's!

INHALT

+ BALKON-BASICS

+ BALKONPFLANZEN

sonnig oder schattig?

+ DIY-PROJEKTE

+ LECKERE REZEPTE

+ DER RICHTIGE STANDORT

+ DER PERFEKTE TOPF

+ URLAUBSBEWÄSSERUNG

+ EINRICHTUNGSTIPPS

BALKON BASICS

ALLES WICHTIGE ÜBER *Topf, Erde, Schaufel & Co.*

Willkommen zu deiner Reise nach Balkonien! Als Erstes lernst du in diesem Kapitel etwas über Land und Leute. Du erfährst also etwas über den Standort und das Klima, worauf du bei Pflanzenerde und Blumentöpfen achten musst und holst dir auf den Lookbook-Seiten Inspiration für die Einrichtung deines kleinen Balkoniens. Außerdem liest du hier nach, was es rund um die Bewohner Balkoniens beim Gießen, Aussäen und Einpflanzen zu beachten gibt, und wie du unerwünschte Gäste wie Blattläuse vor die Tür setzt. Am Ende des Kapitels erwartet dich eine praktische Übersicht über die wichtigsten Balkongartenarbeiten rund ums Jahr.

HIMMELSRICHTUNG und LAGE

DAS GILT'S AUF DEM BALKON ZU BEACHTEN

Norden, Süden, Osten, Westen – jeder kennt die vier Himmelsrichtungen. Für die Gestaltung deines Balkons sind sie mindestens genauso wichtig wie für die Reiseplanung.

SÜDAUSRICHTUNG

Hurra, du bist ein echter Glückspilz! (Fast) alles ist möglich auf dem Südbalkon. Er ist sonnenverwöhnt und lässt deine Pflanzen nur so sprießen. In heißen, trockenen Sommern solltest du aber für ausreichend Beschattung und Bewässerung sorgen, sonst verbrennen und verdursten deine Gewächse. Es empfiehlt sich ein kleines oder mittelgroßes Sonnensegel oder ein Sonnenschirm, die an genau der richtigen Stelle für Schatten sorgen, ohne gleich den gesamten Balkon in Dunkelheit zu tauchen. Sonnenschirme gibt es für Balkone und Terrassen auch halbrund. Kein Platz für einen schweren Schirmfuß? Im Handel findest du Schirmhalterungen für das Balkongeländer.

Ein sonniger Südbalkon ist ein Hauptgewinn für Gartenfans. Regelmäßiges Gießen ist in heißen Sommern hier besonders wichtig!

STANDORTFRAGE
vollsonnig = Süden
sonnig = Südosten bis Osten oder Südwesten bis Westen
halbschattig = Osten bis Nordosten oder Westen bis Nordwesten
schattig = Norden

NORDAUSRICHTUNG

Kühl, schattig und wettergeplagt: Mit diesen Vorurteilen hat ein Nordbalkon zu kämpfen. Das ist zwar nicht vollkommen falsch, doch dafür ist es gerade im Hochsommer hier herrlich angenehm. Schattenliebende Pflanzen wie Funkien und Farne verwandeln ihn in ein satt-grünes Refugium. Pflanzentipps für den Schattenbalkon findest du auf Seite 58–59.

WESTAUSRICHTUNG

Kein Balkon ist besser geeignet für einen entspannten Feierabend. Wenn am Nachmittag die Sonne vorüberzieht, freuen sich Bewohner und Gewächse gleichermaßen. Auch Romantiker sind auf einem Westbalkon bestens aufgehoben: Was gibt es Schöneres, als abends den Sonnenuntergang zu genießen?

WIND UND REGEN

Neben der Sonneneinstrahlung solltest du bei deiner Balkonplanung auch die Faktoren Wind und Regen bedenken: Sind die Pflanzen überdacht oder mitunter tagelangen Regengüssen oder starkem Platzregen ausgesetzt? Ist dein Balkon windgeschützt oder musst du darum bangen, dass die Pracht beim nächsten Sturm abbricht oder umgeknickt wird?

OSTAUSRICHTUNG

Was der Nachteule der Westbalkon, ist dem Frühaufsteher der Osten: Am frühen Morgen kannst du die ersten warmen Strahlen der Sonne erspähen und dein Frühstück auf dem Balkon genießen. Deine Pflanzen freuen sich ebenso über die frühe Wärme. Du kannst live dabei sein, wenn Krokus und Co. im Frühling ihre Knospen öffnen. Der Lieblingsort für Blütenfans!

BABY, IT'S HOT OUT THERE! DEN KLIMAWANDEL BERÜCKSICHTIGEN

In den letzten Jahren haben wir den Wandel des Klimas deutlich zu spüren bekommen. Wochenlange Hitzeperioden, Starkregen und Stürme; das Wetter ist nicht mehr kalkulierbar und hat schon manche Ernte und Blütenpracht zerstört. Auch daran sollte man bei der Planung denken. Es gibt Pflanzen, die besonders für heiße Standorte geeignet sind, beispielsweise Eisbegonien *(Begonia semperflorens)*, Buntnesseln *(Coleus)*, Süßkartoffeln *(Ipomoea)*, Elfenspiegel *(Nemesia-Sunsatia-Plus*-Sorten*)*, Tagetes *(Tagetes patula* ‚Cresto') und Zinnien *(Zinnia*-Hybriden*)*.

Laub und Blüten der Süßkartoffel sind sehr dekorativ. Dank steigender Sommertemperaturen kommt die aus Südamerika stammende Pflanze langsam auch in unseren (Balkon-)Gärten an.

TOPFPARADE

FÜR JEDE PFLANZE DAS RICHTIGE ZUHAUSE

Die Vielfalt an Pflanzgefäßen ist enorm. Vieles ist Geschmackssache. Ein paar Dinge im Hinblick auf Größe und Material solltest du aber bei der Auswahl im Hinterkopf haben.

AUF DIE GRÖSSE KOMMT ES AN

Zwei Dinge sind besonders wichtig, damit deine Pflanzen sich wohlfühlen: die **Größe des Gefäßes** und die **Versorgung der Wurzeln mit Sauerstoff**. Ist der Topf zu klein, können sich die Wurzeln nicht richtig entwickeln, ausbreiten und in der Erde verankern, der nötige Halt fehlt und beim nächsten stärkeren Wind sind Schäden vorprogrammiert. Der Durchmesser des Topfes sollte immer einige Zentimeter größer sein als der des Wurzelballens.

Genauso wichtig wie die Topfgröße ist das Vorhandensein von **Abzuglöchern** und einer guten **Drainage** (siehe Seite 18). Ist zu viel Wasser im Topf, schwächt das die Pflanzen. Sie werden dann leicht von Pilzkrankheiten befallen. Damit keine Erde oder Blähton aus dem Topf fallen, kannst du innen eine gewölbte Tonscherbe über das Loch legen.

Durch die Löcher im Topfboden kann überschüssiges Wasser abfließen, das ansonsten Staunässe verursachen würde – und die ist für die meisten Pflanzen der sichere Tod!

MATERIALIEN IM VERGLEICH

TON UND TERRAKOTTA

Tongefäße nehmen sehr viel Wasser auf, sodass du häufiger gießen musst. Um ständiges Austrocknen zu vermeiden, kannst du

Terrakotta

Kunststoff

Holz

Metall

deine Terrakottagefäße mit Folie auskleiden. Im Topfbodenbereich schneidest du Schlitze in die Folie, damit das Wasser abziehen kann und die Wurzeln Sauerstoff bekommen.

KUNSTSTOFF

Kunststoffgefäße findest du in allen Farben und Größen. Sie sind bruchsicher und vor allem leicht, sodass sowohl das Umdekorieren als auch das winterliche Einräumen zum Kinderspiel wird. Dank ihrer glatten Oberfläche sind Kunststofftöpfe und -kästen außerdem leicht zu reinigen, sodass Pilze, Bakterien und Keime keine Chance haben. Daher lassen sie sich auch für empfindliche Jungpflänzchen immer wieder verwenden.

Schwere Gefäße kannst du auf einen Blumenroller stellen. So lassen sie sich an verschiedenen Standorten immer wieder neu arrangieren, bei Unwetter in Sicherheit oder im Herbst und Winter näher an die Hauswand schieben.

HOLZ

Holzgefäße bringen Natürlichkeit und rustikalen Charme auf deinen Balkon. Neben klassischen (Über-)Töpfen oder z. B. Weidenkörben kommt Holz auf dem Balkon gerne für kleine Hochbeete zum Einsatz. Leider ist Holz anfällig für Witterung und bedarf einer gewissen Pflege. Öllasur schützt und imprägniert. Von innen kleidest du dein Holzpflanzgefäß am besten mit Folie aus, sodass Gießwasser nicht ins Holz eindringen kann.

METALL

Pflanzgefäße aus Metall gibt es in besonders vielen Formen und Farben, von verspielt bis edel und filigran. Leider sind sie im Sommer nicht ideal. Denn bei starker Sonneneinstrahlung erhitzt das Metall sich stark und schnell. Im schlimmsten Fall können deine Pflanzen vertrocknen oder die Wurzeln geschädigt werden. Edelstahl-Gefäße geben außerdem Metallionen ab, die schädlich für die Pflanze sein können. Nutze sie daher nur als Übertöpfe.

LOOKBOOK:

MEIN GRÜNES WOHNZIMMER

Hier haben wir ein paar coole Einrichtungsideen zum Nachstylen für dich gesammelt!

Mit Teppichen, Kissen und Wohnaccessoires im angesagten Boho-Style schaffst du ein hippes, entspanntes Flair. Naturmaterialien unterstreichen die Gemütlichkeit.

Ein echter Hingucker: Aus stabilen Wein- oder Obstkisten lassen sich auch auf schmalem Raum individuelle Sitzgelegenheiten zaubern.

Outdoor-Teppiche machen deinen Balkon wohnlich. Mit bunten Balkonmöbeln setzt du farbige Akzente in deiner grünen Oase.

Es muss nicht immer ein buntes Blütenmeer sein. Edel und stimmungsvoll ist dieses Ambiente mit gezielten Highlights in Grau, Silber und Weiß gestaltet.

MEIN KLEINES Pflanzerde-LEXIKON

Ein gesunder Boden ist für das Wachstum von Pflanzen sehr wichtig. In ihm verankern sie sich und nehmen die Nährstoffe auf, die sie für ihr Gedeihen brauchen. Ein gutes Substrat erkennst du daran, dass es luftig und locker ist und so fein, dass es in deiner Hand zerbröselt. Es enthält wenig grobe Bestandteile.

WELCHE ERDE FÜR WELCHES GEWÄCHS?

Auch Pflanzen haben unterschiedliche Bedürfnisse: Die einen mögen sauren Boden, die nächsten benötigen viele Nährstoffe und wieder andere bevorzugen magere Erde. Bevor du dich auf den Weg ins Gartencenter machst, solltest du dir überlegen, für welche Pflanzen du Erde benötigst.

TIPP
Je nach Bedarf deiner Balkongewächse kannst du normale Blumenerde anreichern, indem du reifen KOMPOST beimischst, oder abmagern, indem du sie mit SAND vermengst.

BLUMENERDE

Mit einer guten Blumenerde kommst du auf deinem Balkon schon ziemlich weit, denn sie ist eine Art Universalerde für Blühpflanzen und für die meisten Kübel-, Topf- und Balkonpflanzen geeignet. In der Regel enthält Blumenerde ein Düngedepot für etwa 6–8 Wochen.

Nicht geeignet ist Blumenerde für Pflanzen, die ein saures oder nährstoffarmes Substrat bevorzugen, wie z. B. mediterrane Kräuter.

ANZUCHTERDE

Normale Pflanz- oder Blumenerde enthält zu viel Dünger für die Anzucht. Damit deine Saat gut aufgeht, lohnt es sich, eine Packung Anzuchterde zu besorgen. Diese Erde ist keimfrei, nährstoffarm und besonders feinkörnig und locker, sodass sie den Samenkörnern beste Startbedingungen bietet.

KRÄUTERERDE

Kräuter mögen oftmals magere, sandige und kalkhaltige Böden. Genau diese Bedingungen bietet Kräutererde. Sie ist nährstoffarm, sehr durchlässig und enthält im Vergleich zu anderen Erden besonders viele Mineralien.

GEMÜSEERDE

Diese Spezialerde hat einen hohen Anteil an Nährstoffen, um auch Starkzehrer wie Tomaten oder Gurken optimal zu versorgen.

Für einen 30–40 cm langen **BALKONKASTEN** benötigst du etwa 12 Liter Erde.

TORFFREI GLÜCKLICH

Aus Umweltschutzgründen empfiehlt sich torffreie Erde. Torf wird aus Mooren gewonnen, die jedoch Lebensraum für viele bedrohte Tier- und Pflanzenarten sind. Zudem binden Moore große Mengen an klimaschädlichem Kohlenstoffdioxid. Darüber hinaus ist Torf ein sehr langsam nachwachsender Rohstoff – bis sich etwa 1 Meter Torf im Moor gebildet hat, können bis zu 1000 Jahre vergehen!

Achte beim Kauf auf die Kennzeichnung „torffrei", „torfreduziert" oder „ohne Torf".

FRISCHE-KUR FÜR ALTE ERDE

Es ist nicht nötig, jedes Jahr wieder säckeweise Erde auf deinen Balkon zu schleppen und das Substrat in sämtlichen Pflanzgefäßen auszutauschen. Stattdessen solltest du deinen Pflanzen im Frühjahr eine Auffrischung der Erde gönnen, um das alte Substrat mit Nährstoffen anzureichern und aufzulockern.

In einem großen Eimer mischst du alte Erde mit etwa 10 % Wurmhumus ODER 1/3 Kompost ODER du mischst Hornspäne ODER zerkleinerte Brennnesselblätter unter.

Mehrjährige Pflanzen können bis zu 3 Jahre im selben Substrat wachsen, wenn du sie regelmäßig düngst. Danach ist es ratsam, die Erde auszutauschen, da immer weniger Nährstoffe und Wasser gespeichert werden können. **Entsorgen kannst du verbrauchte Erde** über die Bio-Tonne oder auf dem Kompost.

BIO-ERDE

Erde darf sich „bio" nennen, wenn sie keine künstlichen Düngemittel, keine chemischen Zusatzstoffe, Pestizide oder Schwermetalle enthält. Bio-Erde setzt auf organische Düngerbeigaben wie Kompost, Guano, Pferdemist, Schafwolle oder Hornspäne. Auch Bio-Erde kann Torf enthalten!

SCHNAPP die Schaufel, FERTIG, LOS

VOM SÄEN UND PFLANZEN

Herbst und Frühjahr sind die Hauptaussaat- und Pflanzzeiten. Du kannst deine Pflanzen entweder direkt in Topf oder Kasten säen (meist ab März/April oder nach den Eisheiligen) oder ab ca. Februar auf einer sonnigen Fensterbank in der Wohnung vorziehen.

Besonders für Einsteigerinnen sind Jungpflanzen aus dem Gartencenter oder Aussaat mithilfe von Saatbändern die einfachste Methode. Bei Saatbändern sind die Samen auf einem Papiervlies aufgebracht – fix und fertig in perfektem Abstand. So sparst du dir das Pikieren (s. u.).

DU BRAUCHST FÜR DIE ANZUCHT AUF DER FENSTERBANK:

- Anzuchterde (niemals normale, vorgedüngte Erde verwenden!)
- Anzuchtschalen, -töpfe oder -kistchen
- Pikierstab (oder Löffel)
- kleine Kunststofftöpfe zum Vereinzeln (Pikieren)
- Wassersprühflasche

PFLANZEN VORZIEHEN

AUSSAAT

Verteile die Samen möglichst gleichmäßig und nicht zu dicht. Verwende zum Gießen bzw. Feuchthalten der Saaten und ersten zarten Pflänzchen am besten eine Wassersprühflasche. Noch so vorsichtiges Gießen aus einer Kanne sorgt schnell dafür, dass Samen von ihrem Platz gespült oder Minipflänzchen mit Erde überspült werden.

PIKIEREN

Zunächst erscheinen die Keimblätter, dann die ersten Laubblätter deiner Pflänzchen. Jetzt ist der Zeitpunkt zum sogenannten Pikieren gekommen. Das machst du entweder mit einem Pikierstab oder einfach mit einem dickeren Holzstab oder Löffelgriff. Damit wird jede kleine Pflanze vorsichtig angehoben und aus der Erde genommen. Ein bis drei Pflanzen (je nach Platzbedarf der Pflanzenart) setzt du dann in ein vorbereitetes größeres Töpfchen mit Anzuchterde, eine Multiplatte oder z. B. einen leeren Eierkarton (siehe Kasten), wo sie sich mit genügend Platz weiterentwickeln können.

DAS PFLÄNZCHEN MUSS AN DIE FRISCHE LUFT

Gewöhne deine Jungpflanzen nach und nach an die Bedingungen draußen, indem du sie tagsüber an einen nicht zu sonnigen Platz stellst und zunächst in kalten Nächten oder bei großer Hitze wieder hereinholst.

EINPFLANZEN UND UMTOPFEN

Hast du eine Jungpflanze erworben oder sind deine eigenen Anzuchten groß und kräftig genug, ist es Zeit fürs Einpflanzen und somit Umtopfen vom Anzucht- oder Kauftopf in das endgültige Pflanzgefäß. Damit das für dich und deine Pflanzen entspannt läuft, gibt es ein paar kleine Regeln zu beachten.

UPYCYLING-ANZUCHTGEFÄSSE

Der Klassiker unter den upgecycelten Anzuchtgefäßen ist sicherlich der **Eierkarton**. Die Mulden sind perfekte kleine Töpfe, der Karton nimmt Nässe auf, ohne gleich durchzuweichen. **Plastikverpackungen** von Donuts und dergleichen sind prima Mini-Gewächshäuser für deine Anzuchttöpfchen. Der Deckel schützt vor Kälte und Zugluft. An milden Tagen hältst du das „Gewächshaus" mit einer Pommesgabel aus Holz offen.

WARTE NICHT ZU LANGE

Gekaufte Jungpflanzen kommen meist in Plastiktöpfen zu dir nach Hause. Topfe sie direkt, spätestens jedoch nach ein paar Tagen um, denn der Topf wird schnell zu klein, die Versorgung mit Nährstoffen mangelhaft und die Pflanzen beginnen zu verkümmern.

WURZELCHECK

Achte beim Kauf und bei selbst gezogenen Pflanzen darauf, dass sie einen gut durchwurzelten Erdballen mit gesunden, weißen Wurzeln und keine braunen, gekräuselten, gefleckten oder schlappen Blätter haben, bevor du sie in ihr endgültiges Zuhause umziehen lässt.

Diese Salatpflanzen haben gute Wurzeln und gesunde Blätter – hier ist eine ertragreiche Ernte in Aussicht.

SO WIRD'S GEMACHT

Stelle die Töpfe vor dem Einpflanzen zum Wässern für etwa 10 Minuten in einen Eimer oder eine Wanne, die ein paar cm hoch mit Wasser gefüllt ist (wenn deine selbst gezogenen Pflanzen bereits gut gewässert sind, entfällt dieser Schritt gegebenenfalls).

Währenddessen kannst du das zu bepflanzende Gefäß vorbereiten: Bedecke den Topfboden mit einer Drainageschicht aus Kieselsteinen, Tonscherben oder Blähton. Dann das Gefäß zu zwei Dritteln mit Erde befüllen und evtl. einen Depotdünger unter die Erde mischen. Die gut gewässerte Pflanze wird nun aus ihrem Topf genommen und in die Mitte des Gefäßes auf die Erde gesetzt.

Um den Wurzelballen herum verteilst du vorsichtig Erde, bis der Ballen leicht mit neuer Erde bedeckt ist. Erde etwas festdrücken, dann die frisch gepflanzten Exemplare erneut wässern, damit sich die Erde gut um die Wurzeln herum verteilt.

UMPFLANZ-TIPPS

Umpflanzen bedeutet Stress für Pflanzen. Mit folgenden Tipps überstehen sie die Aktion unbeschadet:

- Pflanze an einem eher kühlen Vormittag aus, das ist für die Pflanzen am wenigsten belastend.
- Die Wurzeln brauchen einige Wochen, bis sie wieder Halt gefasst haben und eingewurzelt sind, bis dahin fällt es ihnen schwer, Wasser und Nährstoffe aufzunehmen. Gutes Wässern ist wichtig.
- Stelle die frisch ausgepflanzten Gewächse nicht gleich in die pralle Sonne. Erst nach einigen Tagen haben sie sich akklimatisiert und kommen dann an ihren endgültigen Platz.

Je nach Wachstum der Pflanze empfiehlt es sich, sie alle 1–3 Jahre in ein größeres Gefäß umzutopfen. Bei jedem Umtopfen ist gutes Angießen wichtig.

HACKE, SCHERE, *hoch die* KANNE!

GARTENGERÄTE FÜR DIE BALKONPFLEGE

Für die Arbeit auf dem Balkon brauchst du natürlich die passenden Geräte. Geräte mit Holzstielen und Stahlaufsätzen sind besonders langlebig; bei ihnen ein wenig mehr Geld zu investieren, lohnt sich in aller Regel.

UNVERZICHTBARE HELFER

Das sind die wichtigsten Balkongartengeräte, die du brauchst:

* **Bypass-Gartenschere:** zurückschneiden von Stauden, Sträuchern, Obstgehölzen
* **Hand-Harke:** wurzelschonendes Lockern und Lüften des Bodens
* **Pflanzschaufeln** (mit schmaler und breiter Kelle): ein- und umpflanzen (auch in engen Gefäßen); Erde auflockern
* **Pflanzenschere:** Verblühtes entfernen, Kräuter stutzen o. Ä.

Außerdem hilfreich sind **Gartenhandschuhe** und **Handfeger & Kehrblech**. Eine **Gießkanne** darf natürlich ebenfalls nicht fehlen!

PFLEGEN UND AUFBEWAHREN

Bei guter Pflege und richtiger Aufbewahrung können gute Gartengeräte sehr lange halten. Bewahre sie stets trocken und sauber auf und gönn ihnen im Spätherbst, wenn du sie für die nächsten Monate nicht mehr brauchst, ein wenig Wellness: Holzteile trocken mit einer scharfen Bürste von Erde befreien. Stahlaufsätze von Erde und ggf. mit einer Metallbürste von Rostanhaftungen befreien. Holzstiele mit einer 1:1-Mischung aus Terpentinersatz und Leinöl, die Metallteile nur mit Leinöl abreiben. Im Winter bewahrst du Schaufel und Co. an einem trocknen Platz drinnen oder in der Gerätekiste auf dem Balkon auf.

LOOKBOOK:

KLEINE BALKONE

Wenig Tiefe, kaum Stauraum, kein Platz für große Möbel – kein Problem! Mit den folgenden Tipps wird auch dein Mini-Balkon zur Wohlfühl-Oase!

Vertikal denken

Ob Pflanztreppe, Pflanzregal oder Ampel – denk in die Höhe! Auch DIY-Palettenregale wie das auf S. 78 kannst du an die Wand stellen oder in beliebiger Größe zusägen und aufhängen.

Nutze alle Ebenen

Nutze Reling und Fußbereich deines Geländers für Kästen; oben am besten solche, die auf dem Geländer „reiten". Praktisch: Wenn's oben mal überläuft, wird unten gleich mit gegossen (und zwar deine Blumen, nicht der Nachbar unter dir).

Hänge- und Klappmöbel

Halt Ausschau nach Geländerreiter-Balkonkästen mit integriertem Tischchen oder wähle einen Klapptisch fürs Geländer. Klappstühle sparen ebenfalls Platz.

Minihochbeete

Nutze statt Töpfen auf dem Boden Mini-Hochbeete mit Beinen. So hast du oben Platz zum Gärtnern und darunter Stauraum für deine Balkongartengeräte, Erde, Dünger etc.

Wenn dein Minibalkon nicht schlauchförmig, sondern eher quadratisch oder halbrund ist, hast du vermutlich genug Tiefe, um Kästen an beide Seiten des Geländers zu hängen und so die Geländerplätze optimal auszunutzen.

Häng nach innen und außen

FUTTER *für deine* PFLANZEN

CLEVERES GIESSEN UND DÜNGEN

Auch für Pflanzen gilt: Wasser und Nährstoffe sind wichtig für Gesundheit und Wachstum. Wenn du das Gießen mal vergisst, erholen sich deine Pflanzen in der Regel nach einer Weile davon – von zu viel Wasser und Staunässe in der Regel jedoch nicht! Weniger ist hier also mehr. Die wertvollen Nährstoffe schenkst du ihnen durch Düngergaben 1 x/Woche morgens von April–Oktober.

KLEINES GIESS-ABC

1 Gieße deine Pflanzen nach Möglichkeit in den Morgenstunden. Ganz zu vermeiden ist das Gießen in der Mittagshitze, da das Wasser schneller verdampft, als es bis zu den Wurzeln einsickern kann.

2 Im Sommer sollte täglich gegossen werden, ansonsten reicht ein- bis zweimal wöchentlich. Vor dem Gießen stecke einen Finger etwa 2–3 cm tief in die Erde. Fühlt sie sich ganz trocken an, muss gegossen werden.

3 Gieße nach Möglichkeit von unten. Entweder in den Untersetzer oder an die Wurzel und nicht auf die Blätter und Triebe.

4 Verwende abgestandenes Wasser zum Gießen, das leicht angewärmt ist. Du kannst zum Beispiel übrig gebliebenes Wasser aus dem Wasserkocher aufheben und zum Gießen benutzen. Dieses Wasser ist weicher.

5 Beachte die unterschiedlichen Bedürfnisse der Pflanzen. Während Gewächse wie Fetthennen gut durch Trockenzeiten kommen, benötigen beispielsweise Tomaten im Topf eine regelmäßige Wasserversorgung.

Flüssigdünger im Gießwasser kann von Pflanzen besonders schnell aufgenommen werden.

URLAUBSBEWÄSSERUNG

Bohre ein paar Löcher in den Deckel einer klassischen PET-Flasche. Das kannst du etwa mithilfe eines Nagels oder eines Schraubenziehers tun. Fülle die Flasche mit Wasser, verschließe sie mit dem löchrigen Deckel und stecke sie kopfüber in die Erde neben der Pflanze. Das Wasser zieht sich von selbst langsam aus der Flasche und deine Gewächse überleben unbeschadet deine Abwesenheit.

Die Bewässerung mit einer 1,5-Liter-PET-Flasche reicht je nach Temperatur für 5 bis 10 Tage.

MULCHEN

Mulchen ist das Abdecken des Bodens zwischen den Pflanzen mit z. B. Laub oder Stroh. Der bedeckte Boden bleibt länger feucht, sodass du seltener Gießen musst. Perfekte Ergänzung auch für die Urlaubsbewässerung!

FLÜSSIGDÜNGER

Da die Nährstoffe in flüssigem Balkonblumen-Dünger besonders schnell verfügbar sind, eignet er sich gut für saisonale, blühende Geländer-Bepflanzung. Du gibst ihn etwa 1x wöchentlich ins Gießwasser und förderst damit das Blütenwachstum. (Achte dabei auf die Mengenangabe auf der Verpackung).

LANGZEITDÜNGER

Natürliche Düngemittel wie Kaffeesatz oder Hornspäne sind tolle Bio-Langzeitdünger. Sie geben ihre Nährstoffe nach und nach ab. Nach Einsatz fester Dünger stets gießen, denn nur feuchte Erde gibt die Nährstoffe an die Pflanze ab.

DÜNGESTÄBCHEN, DÜNGEKUGELN

- besonders unkompliziert
- einfach in die Erde stecken
- Stäbchen alle 2–3 Monate erneuern
- Düngekugeln halten oft eine ganze Saison lang

HORNSPÄNE

- gibt's im Baumarkt oder Gartencenter
- beim Pflanzen im oberen Teil des Kübels der Erde beimischen ...
- ... oder später vorsichtig in die obere Erdschicht einarbeiten
- 1 El Hornspäne auf 1 l Erde
- wirken 1–2 Monate

KAFFEESATZ

- muss getrocknet sein, bevor du ihn als Dünger verwenden kannst
- etwa 1 x/Monat in die obere Erdschicht einarbeiten
- vor allem für Pflanzen, die sauren Boden bevorzugen (z. B. Hortensien)

GANZ *ohne* CHEMIE!

ZEITGEMÄSSER PFLANZENSCHUTZ

Läuse, Käfer, Raupen und Ameisen wirst du nie grundsätzlich von den Balkonblumen fernhalten können. Doch mit guter Planung, Handarbeit und biologischen Mitteln lassen sich Schädlinge in Schach halten.

NÜTZLINGE FÖRDERN

Wenn du deinen Balkon möglichst naturnah gestaltest, fühlen sich Nützlinge dort wohl. Marienkäfer, Schlupfwespen, Schwebfliegen, Ohrwürmer, Florfliegen, Spinnen und Raubmilben vertilgen beachtliche Mengen an Schädlingen wie Blattläusen, Weißen Fliegen und Co. Es kann sich lohnen, eine Ecke des Balkons etwas „verwildern" zu lassen und dort herabgefallenes Laub nicht zu beseitigen, bzw. dort zu deponieren, um Verstecke und Überwinterungsmöglichkeiten anzubieten.

Stellen sich die Nützlinge bei einem Befall nicht automatisch ein, kannst du sie per Post bestellen. Sie kommen dann in Form von Kärtchen mit Eiern, die du zwischen die befallenen Pflanzen steckst, oder als Larven und Granulat. Dieses streust du über den „Patienten" aus. Nach ein paar Tagen schlüpfen die Nützlinge bzw. sie haben sich so weit entwickelt, dass sie ihre Arbeit aufnehmen können und sich an die Schädlingsvertilgung machen.

Festschmaus: Marienkäfer sind das perfekte Mittel gegen Blattläuse.

EFFEKTIVE HANDARBEIT

Wenn Blattläuse am Stängel dicht an dicht sitzen, kannst du sie leicht abstreifen. Robustere Pflanzen bürstest du ab; hierfür eignet sich eine weiche Zahnbürste sehr gut. Damit dämmst du den Befall zumindest ein.

Eigelege von Käfern und Schmetterlingen wie dem Kohlweißling, die du an der Unterseite von Blättern entdeckst, zerdrückst du oder streifst sie ab. Bei üppig gewachsenen Pflanzen kannst du stark befallene Triebe auch ganz entfernen.

KRÄUTER FÜR DIE PFLANZENGESUNDHEIT

Folgende Kräuter kannst du zur Stärkung beziehungsweise für die Schädlingsbekämpfung nutzen:

- Eine **Brühe aus Farnkraut** wirkt verdünnt (1:5) gegen Blattläuse und hält, auf den Boden gesprüht, Schnecken fern. Unverdünnt hilft sie gegen Rostkrankheiten.
- **Rhabarberbrühe**: Setze 500 Gramm grüne Blätter mit 3 Liter Wasser an und sprühe sie unverdünnt gegen schwarze Blattläuse. Wende sie mehrmals hintereinander an. Ein Tee aus Rhabarber hilft gegen Lauchmotten und Zwiebelfliegen sowie gegen Kraut- und Braunfäule bei Kartoffeln.
- Gießen mit **Kamillentee** (5 Gramm getrocknete Blüten auf 1 Liter Wasser) stärkt die Pflanzen.
- Einen **Tee aus Knoblauch** kannst du unverdünnt als Sprühmittel gegen Pilzerkrankungen und pflanzenschädigende Milben einsetzen. Übergieße 70 Gramm klein geschnittenen Knoblauch mit 1 Liter kochendem Wasser und lass den Sud 5 Stunden durchziehen.
- **Oregano-Tee** (100 Gramm frisches Kraut auf 1 Liter Wasser) hilft gegen Schildläuse. Verdünne die Zubereitung im Verhältnis 1:3 und sprühe die Pflanze ein.

Schmierseife ist ebenfalls ein günstiges und wirksames Mittel gegen Blattläuse. Reibe 150 bis 300 Gramm reine Schmierseife zu Flocken und löse sie in 10 Liter heißem Wasser auf. Die abgekühlte Mischung spritzt du unverdünnt auf die befallenen Pflanzen. Allerdings kann diese Mischung auch anderen Insekten auf der Pflanze zum Verhängnis werden, weshalb du sie nur spritzen solltest, wenn andere Mittel nicht helfen.

Kohlweißlingraupen am besten vorsichtig absammeln und in „freier Wildbahn" aussetzen. Schmetterlinge sind wichtige Nützlinge!

Mit regelmäßigem Absammeln kannst du du gefräßige Kohlweißlingraupen effektiv dezimieren. Mit feinmaschigen Schutznetzen verhinderst du die Eiablage fliegender Insekten auf deinen Gemüsepflanzen.

LOOKBOOK:

STIMMUNGSVOLLE BELEUCHTUNG – RÜCKE DEINEN BALKON INS BESTE LICHT

Solar-Stecklichter lassen sich auch auf dem kleinsten Balkon unterbringen und sind in verschiedensten Versionen meist recht günstig zu haben. Pike sie einfach in Kästen oder Kübel. Tagsüber werden die Lämpchen von der Sonne aufgeladen; sobald es dunkel wird, lassen sie deinen Balkon erstrahlen.

Ganz ohne Stecker! Solar-Lichterketten und -leuchten tauchen deinen Balkon in lauen Sommernächten in warmes Licht.

„Glühwürmchengläser“: Bunte Solarlichterketten in Weck- oder Marmeladengläsern sind ein Hingucker am Geländer.

Feuer und Flamme – ein Tischkamin mit Glaswänden und Gasflamme sorgt auch auf dem Balkon für Lagerfeueratmosphäre. Bei aller Gemütlichkeit wahre jedoch bitte stets die gebotene Vorsicht bei offenen Flammen!

WINTERZAUBER MIT EISLICHTERN – SO GEHT'S:

1. Schlinge je zwei Haushaltsgummis längs und zwei quer um eine Plastikschüssel und ein weiteres um den Hals eines Marmeladenglases. Stecke das Glas mittig in das entstandene Gummi-Quadrat, es sollte ca. 2 cm Abstand zum Boden haben.

2. Fülle abgekochtes, erkaltetes Wasser in die Schüssel, nicht ganz randvoll. Stecke Beeren und Zweiglein ins Wasser. Bei Minustemperaturen kommt nun alles über Nacht auf den Balkon, ansonsten ins Gefrierfach.

3. Am nächsten Tag etwas warmes Wasser ins Glas geben und es aus dem angetauten Eis herausziehen. Die Schüssel umdrehen und vom Eisblock lösen. Abends noch ein (LED-)Teelicht rein und ab auf den Balkon für ganz viel Winter-Weihnachts-Wohlfühlatmosphäre!

Eislichter mit Beeren, Blüten oder Blättern zaubern bei Minusgraden ein wunderschönes Licht auf deinen Winterbalkon.

PACKEN WIR'S AN!

DIE WICHTIGSTEN PFLEGEARBEITEN FÜR JEDE JAHRESZEIT

JANUAR

- Immergrüne Laub- und Nadelgehölze, die draußen stehen, brauchen auch im Winter Wasser; öfters den Wurzelballen kontrollieren und bei Trockenheit gießen.
- Balkon- und Kübelpflanzen, die im Haus überwintern, zurückhaltend gießen. Erfahrungsgemäß gehen Kübelpflanzen über Winter eher wegen zu viel Nässe als wegen Trockenheit ein.
- Biete Insekten das ganze Jahr über Nahrung an! Die Schneeheide sorgt für eine frühe Bienenweide.
- Zu große Schneelasten entfernen
- Leere Kübel und Kästen reinigen
- Kübelpflanzen, die draußen überwintern, an frostfreien Tagen etwas gießen

FEBRUAR

- Winterschutz für immergrüne Gehölze und für Rosen ist jetzt wichtig.
- Rückschnitt der überwinterten Blühpflanzen
- Wenn nötig Umtopfen von Geranie, Fuchsie und anderen Balkonpflanzen; bei Bedarf größere Pflanzgefäße besorgen
- Immergrüne und draußen überwinternde Kübelpflanzen im Auge behalten und an frostfreien Tagen mäßig gießen.

MÄRZ

- Robuste Kübelpflanzen wie Lorbeer oder Rosmarin kannst du in milden Klimaregionen zumindest vorübergehend ins Freie stellen.
- Einjährige Kletterpflanzen wie beispielsweise Glockenrebe oder Schwarzäugige Susanne drinnen säen und vorziehen.
- Balkon von Algen und Schmutz befreien.
- Balkonkästen mit Stiefmütterchen, Primeln, Hornveilchen und Zwiebelgewächsen wie Narzissen und Tulpen bepflanzen.

- Kübelpflanzen auf Schädlinge kontrollieren.
- Vorgezogene und überwinterte Pflanzen abhärten und langsam an die Freiluftsaison gewöhnen

APRIL

- Goldlack, Schöterich und Vergissmeinnicht sorgen für Farbe. Kästen und Töpfe mit Frühjahrsblühern bepflanzen
- Sauerklee (Oxalis) und Knollenbegonien, die trocken überwintert haben, wieder gießen. Sie treiben dann neu aus.
- Rucola und Salate in Balkonkästen säen oder pflanzen
- Einjährige Sommerblumen in Kästen säen
- Rosen in Töpfe und Kübel pflanzen
- Stauden pflanzen
- Überwinterte Balkonblumen pflegen
- Mehrjährige Kräuter wie Salbei, Melisse, Thymian, Oregano, Minze aussäen
- Gartenmöbel reinigen und rausstellen

MAI

- Balkonkästen und Kübel bepflanzen. Wähle aus dem Angebot an Blumen und Gemüsepflanzen ganz nach Geschmack und nach dem Standort, den du den Pflanzen anbieten kannst.
- Einjährige Kletterpflanzen wie Kapuzinerkresse, Duftwicke, Stangenbohne usw. aussäen.
- Kübelpflanzen ins Freie stellen und, wenn nötig, bei dieser Gelegenheit zurückschneiden, bei Bedarf umtopfen und mit frischer Erde versorgen
- In der Wohnung überwinterte Topfpflanzen abhärten und nach draußen stellen
- Zimmerpflanzen ins Freie stellen
- Vorgezogene Jungpflanzen auspflanzen

JUNI

- Laufend Basilikum, Petersilie und Co. ernten
- Alle Pflanzen in Töpfen und Kästen ausreichend wässern und auch düngen
- Blattläuse treten häufig auf, Pflanzen kontrollieren. Oft reguliert sich das Problem von allein, wenn die natürlichen Feinde, die Marienkäfer und Schwebfliegen, auftauchen und die Schädlinge fressen.
- Laufend Abgeblühtes von den Balkonblumen abschneiden oder abkneifen, um den Flor über die Saison zu verlängern
- Lavendel schneiden.
- Tulpenzwiebeln ausgraben und bis zum Herbst trocken lagern

JULI

- Balkon- und Kübelpflanzen an heißen Tagen zweimal wässern
- Wöchentlich düngen
- Sommerblumen ausputzen
- Verwelktes von Rosen und Stauden abschneiden

- Vogel- und Bienentränken aufstellen und regelmäßig säubern
- Erntezeit vieler Gemüse, wie Zucchini, Gurken, Möhren, Salate, Frühkartoffeln, ...
- Beeren ernten

AUGUST

- Erntezeit bei Tomaten und Paprika
- Viele Balkon- und Kübelpflanzen lassen sich jetzt durch Stecklinge vermehren. Das gelingt gut bei Geranien aller Art, Fuchsien, Wandelröschen, Fleißigen Lieschen. Am besten eignen sich noch nicht blühende Seitentriebe, bei denen du die unteren Blätter entfernst.
- Von Sommerblumen und Kräutern die Samen einsammeln für die Aussaat im nächsten Jahr
- Mehrjährige Balkon- und Kübelpflanzen letztmalig düngen
- Welke Blüten ausputzen
- An heißen Tagen gut wässern

SEPTEMBER

- Herbstblüher ersetzen nach und nach die Sommerblumen. Zum Bepflanzen von Kästen und Kübeln eignen sich Besenheide, Gartensalbei mit interessant gezeichneten Blättern sowie Ziergräser, Alpenveilchen, Enzian, Ajania, Greiskraut und Stacheldraht.
- Erntezeit beim Obst: Äpfel, Zwetschgen, Weintrauben, Kornelkirschen
- Welkes Laub und Blüten ausputzen
- Zimmerpflanzen, die den Sommer draußen verbracht haben, jetzt reinholen

OKTOBER

* Kübelpflanzen, die im Haus überwintern sollen, nach und nach einräumen. Eventuell den Überwinterungsservice mancher Gärtnereien nutzen und wertvolle Gewächse dort gegen Gebühr unterstellen.
* Pflanzen, die noch draußen bleiben, mit Tannenzweigen abdecken.
* Zwiebelblumen, die im nächsten Frühjahr blühen sollen, in Gefäße in die jeweils richtige Tiefe stecken
* Kälteempfindliches Spätgemüse und mediterrane Kräuter mit einem Kälteschutz versehen.

NOVEMBER

* Wasserbehälter leeren und ggf. Wasserhähne abstellen
* Draußen überwinternde Pflanzen winterfest machen. Ein warmer „Wintermantel" aus Jute oder Vlies um den Topf schützt den Wurzelbereich vor Frost.

* Überwinternde Pflanzen sparsam gießen und regelmäßig auf Schädlinge kontrollieren
* Fuchsien stark zurückschneiden und entblättern
* Gartengeräte säubern und instandsetzen

DEZEMBER

* Kriechspindel, Efeu und andere Immergrüne sorgen auch im Winter für optische Highlights auf dem Balkon. Die Gehölze wirken durch ihr Blattwerk oder durch ihren Beerenschmuck. Stechpalme und Cotoneaster schmücken sich passend zur Weihnachtszeit mit roten Beeren.

* Tontöpfe und teure Terrakottatöpfe, die im Winter draußen bleiben, mit Holzleisten unterlegen
* Überwinternde Pflanzen sparsam gießen und regelmäßig auf Schädlinge kontrollieren

+ KNACKIGE SALATE
+ SÜSSE BEEREN
+ EINSTEIGER-BLUMEN
+ BIENENPFLANZEN

BALKON PFLANZEN

KRÄUTER, GEMÜSE & BLUMEN

für alle Balkon-Lebenslagen

In deinem Balkonienurlaub geht es nun weiter in die verschiedensten Themenwelten deiner Wohlfühl-Oase! Wonach steht dir der Sinn? Wünschst du dir ein Salatbuffet? Einen Naschbalkon mit Beeren und Gemüse? Ein Blütenmeer zum drin Schwelgen, das trotzdem wenig Arbeit macht? Kräuter für den Sundowner-Cocktail? Oder vielleicht einen Superfood-Balkon? Wir haben viele Pflanzideen und Profitipps für dich zusammengestellt. Viel Freude beim Entdecken und Ausprobieren!

ES GRÜNT SO GRÜN UND WÜRZIG

Leckere Kräuter aus Topf und Kasten

Mal eben frischen Schnittlauch in den Salat oder Minze in den Moquito? Klingt gut? Dann mach deinen Balkon zum Kräutergarten! Ein Kasten und ein paar Töpfe genügen bereits für eine vielfältige Auswahl. Die allermeisten Kräuter sind unkompliziert und somit ideale Einsteigerpflanzen, viele blühen zudem sehr schön, worüber sich wiederum Bienen und Hummeln freuen.

Du weißt bei der großen Vielfalt gar nicht, wo du anfangen sollst? Wir haben mal ein bisschen für dich vorsortiert. Etwas zum Kochen, etwas für Tee und Cocktails, regional, mediterran, exotisch: Hier sind unsere **10 Lieblingskräuter für Küche und Balkon!**

ROSMARIN Rosmarinus officinalis

Rosmarin als typischer Südländer möchte einen hellen, sonnigen Standort und einen trockenen Boden. Blätter und Triebspitzen sind frisch wie getrocknet ein Genuss. Schneide aber nicht zu viel auf einmal ab, denn der immergrüne Halbstrauch wächst nur sehr langsam nach.

III–IV V–X 20–80 cm

Auch die würzigen Samenkörner des Korianders kannst du ernten.

KORIANDER Coriandrum sativum

Verwöhnen kannst du Koriander auf deinem Balkon mit einer sonnigen, geschützten Lage, einem kalkhaltigen Boden und mäßiger Feuchtigkeit. Die gekeimten Pflanzen brauchen einen Abstand von ca. 15 cm. In Fisch oder Gemüsegerichten, Soßen und Marinaden ein Genuss!

+ IV–VI V, VIII (Samen) 30–70 cm

SALBEI Salvia

Das anspruchslose Mittelmeergewächs ist an einem sonnigen, windgeschützten Standort gut aufgehoben, schätzt trockene, kalkhaltige Böden und mäßiges Gießen. Bedecke den Wurzelballen vor dem ersten Frost mit Stroh. Ältere Pflanzen kannst du im Frühjahr auf ca. 15 cm zurückschneiden, damit sie nicht verholzen. Perfekt zu guter Pasta oder als Teekraut!

II–V IV–XI 30–60 cm

NASCHKRÄUTER

Kaugummistrauch? Colakraut? Lakritztagetes? Manche Kräuter klingen zu gut, um wahr zu sein. Naschen ohne Reue, einfach ein paar Blätter kauen oder Tee draus kochen? Aber es gibt sie wirklich! Frag im Fachhandel oder schau beim Pflanzenversand im Internet. Oder wie wäre es mit einem Tee aus dem „Kraut der Unsterblichkeit"? Immerhin willst du deinen Balkon ja lange genießen.

Ab jetzt kannst du dein Basilikumpesto frisch selber machen!

BASILIKUM Ocimum basilicum

Damit sich die sonnenhungrige Pflanze wohlfühlt, kommt ihr eine geschützte Lage mit einem nährstoffreichen, lockeren Boden entgegen. Basilikum zählt zu den durstigen Pflanzen, nasse Füße will das Kraut aber nicht. nicht. Ernte halbe Stiele, keine einzelnen Blätter (siehe auch S. 50/51).

ab Ende IV (Samen), Mitte V (Jungpflanze) V–X bis 60 cm

THYMIAN Thymus vulgaris

Als wärmeliebendes Mittelmeergewächs ist auch Thymian ein Sonnenanbeter. Ein lockerer, sandiger Boden macht sein Glück perfekt. Der Wasserdurst der genügsamen Pflanze hält sich in Grenzen.

Den Winter übersteht der Thymian problemlos im Freien. Sorten wie Orangen- oder Zitronenthymian sind ideal für Kräutertees.

ab IV (Samen), Mitte V (Jungpflanze) V–IX bis 50 cm

#PROFITIPP

Viele mediterrane Kräuter wie Oregano oder Thymian benötigen nur sehr wenig Nährstoffe. Petersilie und Schnittlauch dagegen haben einen höheren Bedarf.

OREGANO Origanum vulgare

Der wärmeliebende Südeuropäer mag einen sonnigen Standort mit nährstoffarmem Boden. Gießen ist nur selten angesagt. Der pflegeleichte Lippenblütler verlangt nur bei extremer Trockenheit mehr Wasser. Staunässe hält er nicht lang durch.

ab Ende IV (Samen), Mitte V (Jungpflanze) VI–IX bis 50 cm

Auch getrocknet sind die Triebe des Oregano eine Wucht!

Auch die Blüten sind essbar!

Am aromatischsten sind die Blätter im Mai vor der Blütezeit.

PFEFFERMINZE Mentha × piperita

Die krautige Pflanze besticht vor allem durch ihren intensiven, aromatischen Duft und die vielseitige Verwendung als Würz-, Tee- und Heilkraut. Besonders wohl fühlt Minze sich an einem halbschattigen Plätzchen in nährstoffreicher, torffreier Erde. Minze ist mehrjährig und kann problemlos überwintern.

III–V (Samen), Mitte V (Jungpflanzen) V–IX 30–90 cm

ZITRONENMELISSE Melissa officinalis

Der Zitronenmelisse machst du es mit einem sonnigen, windgeschützten Plätzchen in lockerem, humosem Boden gemütlich. Bei großer Hitze macht die Melisse schnell schlapp und hat daher vor allem in Trockenphasen nichts gegen etwas mehr Wasser einzuwenden.

V (Samen + Jungpflanzen) VI–IX 50–80 cm

#PROFITIPP

Für Kräuter hat sich ein Substrat aus Gartenerde, Sand und Kompost bewährt. Im Handel erworbene, vorgezogene Pflänzchen sollten in Töpfe von mindestens 15–20 cm Durchmesser gepflanzt werden, damit die Wurzeln genügend Raum zum Wachsen haben.

TEEKRÄUTER

Kräutertees sind zu jeder Jahreszeit lecker und gesund. Im Sommer kannst du sie lauwarm oder als Eistee genießen. Eine tolle Mischung sind zum Beispiel fruchtige Thymiansorten in Kombination mit Salbei. Für Melissentee übergießt du 2–3 Tl gehackte Blätter mit heißem, nicht mehr kochendem Wasser. Ein weiteres super Teekraut ist Orangenminze. Die ist easy, wachsfreudig und bildet kleine, puschelige Blüten – Bienen stehen drauf! Orangenminze kannst du auch getrocknet in den Schrank legen, das duftet nett und hilft gegen Motten.

PETERSILIE Petroselinum crispum

Petersilie ist in der heimischen Küche ein Dauerbrenner. Solange du ihr einen durchlässigen, humosen Boden und einen sonnigen bis halbschattigen Platz bieten kannst, ist sie vollauf zufrieden. Nur beim Gießen ist sie zimperlich: Zu trocken sollte es nicht sein, Staunässe mag sie noch weniger. Eine gute Drainage und regelmäßiges, gut dosiertes Gießen sind daher das A und O. Petersilie ist zweijährig und beginnt erst im zweiten Jahr zu blühen.

+ ab IV (Samen + Jungpflanzen) VI–VII V–X
bis 30 cm (sobald die Pflanze blüht)

ACHTUNG!
Sobald sie blüht, wird Petersilie ungenießbar und giftig, das gilt ebenso für die Samen. Entsorge die Pflanze nach der Blüte.

Für die Aussaat von Schnittlauch benötigst du etwas Geduld. Mitunter dauert es 1 Monat, bis sich die ersten Blättchen zeigen.

SCHNITTLAUCH Allium schoenoprasum

Zu den Top Ten der Küchenlieblinge zählt Schnittlauch, der sowohl Halbschatten als auch Sonne gut verträgt. In puncto Boden wünscht er es sich kalkhaltig und nährstoffreich. Die Samen kannst du Anfang April aussäen. Dann nur noch den Boden ausreichend feucht halten und die Sache ist geritzt.

Ernten kannst du die würzige Vitaminbombe von Mai–Oktober. Kälte kann dem Schnittlauch nichts anhaben. Im Herbst ganz heruntergeschnitten und mit einer Mulchschicht bedeckt, ist er fit für den Winter.

+ ab IV (Samen + Jungpflanzen) V–X bis 30 cm

MEIN BALKON-SALATBUFFET

Frisch, grün, gesund! Salat kannst du auf deinem Balkon fast das ganze Jahr über anbauen und ernten. Die verschiedenen, als Samen oder Jungpflanzen erhältlichen Sorten wachsen nahezu überall und frischeren Salat bekommst du nirgendwo. Wir haben für dich eine feine Auswahl (fast) rund ums Jahr zusammengestellt. **Das Buffet ist eröffnet!**

PFLÜCKSALAT Lactuca sativa *var.* crispa

Der Klassiker unter den Balkonsalaten: Pflegeleicht, variantenreich und in unterschiedlichen dekorativen Farben erhältlich. Die Blätter schmecken aromatisch, nussig und leicht bitter. Pflücksalat wächst straff aufrecht, bildet dabei aber keine Köpfe. Nach der Aussaat im Frühjahr dauert es gut 6 Wochen bis zur ersten Ernte. Die einzelnen Blätter kannst du, daher der Name, von Hand pflücken. Achte dabei darauf, dass du die Herzblätter stehen lässt, so entwickeln sich aus der Pflanzenmitte heraus immer wieder neue. Junge Blätter sind am besten im Geschmack, deshalb ständig ernten.

+ III–VIII V–X bis 25 cm

#PROFITIPP

Achte beim Säen darauf, die Samen nicht mit Erde zu bedecken und sie bis zur Keimung gut feucht zu halten.

FELDSALAT Valerianella locusta

Den anspruchslosen Feldsalat anzubauen ist super easy und das Beste: Du kannst ihn bis in den Winter hinein ernten! Dafür wählst du einfach eine winterharte Sorte und säst die Samen von August bis in den Herbst direkt aus. Achte beim Ernten darauf, dass Basis und Wurzel in der Erde bleiben, so wachsen immer neue Blätter nach und du kannst den ganzen Winter über deinen Feldsalat genießen.

+ VIII–IX IX–III bis 15 cm

Ideales WINTER-GEMÜSE

Die würzigen Blätter des Rucola lassen sich nach wenigen Wochen ernten.

RUCOLA Eruca sativa

Mediterran und würzig: Der intensiv bis leicht scharf schmeckende Rucola ist ein pflegeleichter Geselle und kann schon 4–5 Wochen nach der Aussaat geerntet werden. Er mag es sonnig und wächst bestens in humosem und lockerem Boden.

Säe ihn ab März direkt aus und drücke die Samen leicht an. Bei Frost kannst du die Keimlinge mit einem Vlies schützen. Achte aber darauf, dass du ihn nicht nach oder neben Kohlgewächsen anpflanzt, denn mit anderen Kreuzblütlern verträgt er sich nicht gut. Wenn du das Gießen nicht vernachlässigst, kannst du ein paar Wochen später mit der Ernte beginnen. Schneide die Blätter nicht zu tief ab, dann treibt der Ruccola weiter aus und du kannst mehrmals nachernten.

III–IX V–XI 30–40 cm

ÜBRIGENS: Romanasalat eignet sich auch als Kochgemüse!

ROMANASALAT Lactuca sativa *var.* longifolia

Nie wieder „Salatherzen" in Plastikfolie aus dem Supermarkt: Die kleinen, fast aufrecht stehenden Köpfe des knackigen Romanasalats sind einfach ideal für den Balkonkasten. Die welligen Blätter mit dem herben Aroma eignen sich perfekt für herzhafte Salate, wie Ceasar's Salad. Das robuste Blattgemüse lässt sich ab Mitte April direkt auf humosen Boden aussäen. Romanasalat fühlt sich an einem sonnigen Plätzchen besonders wohl, Trockenheit mag er nicht. Wenn du einen großzügig abgeschnittenen Strunk in eine Schale mit Wasser stellst, bildet er oft neue Wurzeln und Blätter.

IV–VII VI–X bis 40 cm

Romanasalat wächst gut in Kombination mit Tagetes, welche schädliche Nematoden von den Blättern fernhalten.

Gute Nachbarschaft: Eine Übersicht, welche Gemüsepflanzen **GUT NEBENEINANDER GEDEIHEN** findest du auf S. 73.

MEIN KLEINER GEMÜSEBALKON!

Die Top-10-Gemüsepflanzen

Gemüseanbau auf dem Balkon ist der Renner und gar nicht so kompliziert, wie du vielleicht denkst. Zudem sind viele Gemüsepflanzen sogar richtig dekorativ. Denk nur an die attraktive rote Färbung von Mangold oder die hübschen Blüten der Kartoffelpflanze. Grundsätzlich kannst du fast jedes Gemüse auf dem Balkon anbauen, manche Pflanzen brauchen aber mehr Platz und Fürsorge als andere. Wir haben für dich unsere **Top-10-Gemüse** zusammengestellt, die sowohl einfach auf dem Balkon gedeihen als auch beliebt im Kochtopf sind.

NÄHRSTOFFBEDARF

Gemüsepflanzen unterscheiden sich in sogenannte Stark- ⊕, Mittel- ○ und Schwachzehrer ⊖. Starkzehrer wie Tomaten, die meisten Kohlarten oder Zucchini brauchen eine besonders nährstoffreiche Erde und nach den ersten Jahren zusätzlichen Dünger, während Schwachzehrer wie Bohnen, Erbsen oder Feldsalat auf kargen Böden gedeihen und empfindlich auf Überdüngung reagieren.

TOMATE *Solanum lycopersicum*

Tomaten mögen keine Nässe von oben.

Sie ist mit Sicherheit eine der beliebtesten Gemüsepflanzen und darf auf deinem Balkon nicht fehlen. Neben hochwüchsigen Stabtomaten, Cocktail-, Kirsch- und Buschtomaten bietet der Handel inzwischen auch vermehrt alte Sorten und Spezialzüchtungen mit blauschwarzen Früchten an. Die „Paradiesäpfel" gedeihen an einer windgeschützten Hauswand am besten. Vorgezogen wird ab Anfang März, die Zeit fürs Freiland ist nach den Eisheiligen gekommen. Halte den Boden gleichmäßig feucht und breche bei Stabtomaten die Seitentriebe regelmäßig aus (das sogenannte „Ausgeizen"). Je nach Sorte kannst du ab Juli ernten.

V–VI VII–X 50–150 cm ⊕

GURKE *Cucumis sativus*

Salatgurken, auch als Schlangengurken bekannt, brauchen vor allem viele Nährstoffe, viel Wasser und viel Sonne. Reichere deine Kübelerde vor der Gurkenbepflanzung im Mai mit Nährstoffen an, indem du sie mit reifem Kompost vermischst. Salatgurken breiten sich schnell aus, du kannst ihnen fast beim Wachsen zusehen; zuerst kriechend, dann kletternd. Deshalb braucht jede einzelne Pflanze viel Platz und idealerweise eine Rankhilfe. Die Blätter können riesig werden – Dschungelfeeling garantiert!

V–VI VIII–X bis 300 cm

#PROFITIPP

Die Gurke mag keine nassen Blätter. Gieße sie nie von oben und gönne ihr ein regengeschütztes Plätzchen.

TIPP: GIN-TONIC-POPTAIL

Für 6 Poptails 350 ml Tonic Water mit 100 ml Gin und 60 ml frisch gepresstem Limettensaft verrühren. Auf 6 Eis-am-Stiel-Förmchen verteilen. 12 dünne Gurkenscheiben schräg auf die Eisstiele stecken, diese in die Cocktails tauchen und über Nacht im Gefrierfach fest werden lassen.

Die **COOLSTE** Verwendung für Gurken!

KOHLRABI *Brassica oleracea var. gongylodes L.*

Der unkomplizierte, leckere Kohlrabi wächst schnell und benötigt kaum Pflege. Lasse den Pflänzchen in ihrem Pflanzgefäß nur etwas Platz in jede Richtung – ungefähr 25 cm –, so gedeihen sie am besten. Regelmäßiges Gießen ist dann der einzige Pflegeaufwand.

IV–VII V–X 30 cm

#PROFITIPP

Da nicht nur uns Menschen der Kohlrabi gut schmeckt, inspiziere ab und zu die Blätter nach Raupen.

KARTOFFEL Solanum tuberosum

Beim Kartoffelanbau denkst du wahrscheinlich eher an einen Acker als an deinen Balkon, doch die vielseitigen Knollen gedeihen auch in Pflanzsäcken, Kübeln oder einem Mini-Hochbeet. **Kartoffeln bevorzugen einen sonnigen und warmen Standort** und mögen am liebsten morgens gegossen werden. Etwas Gutes tust du den Starkzehrern mit Kompost oder Bio-Dünger.

ab III ab VI bis 100 cm

Die Kartoffel mag **KEINE TOMATEN** neben sich!

So geht's!

1

Kartoffeln wachsen aus anderen Kartoffeln, du brauchst also zunächst einige ausgetriebene Kartoffeln (Satzkartoffeln aus dem Pflanzencenter – oder einfach normale Speisekartoffeln mit Trieben).

Die Triebe sollten ungefähr 2 cm lang sein.

2

***Zum Pflanzen im Sack** benötigst du einen etwa 50 cm tiefen Pflanzsack. Fülle den Sack 10 cm hoch mit einer Drainage-Schicht, wie Kies oder Blähton, darauf häufst du etwa 10 cm Erde. Dann legst du wenige Knollen mit etwa 5 cm Abstand voneinander mit den Keimen nach oben hinein und bedeckst sie mit etwa 10 cm Erde.*

3

Sind deine Kartoffelpflanzen etwa 10 cm hoch gewachsen, bedeckst du sie wieder mit Erde, das sogenannte „Anhäufeln". Nach 3–4 Wochen wiederholst du das Ganze. Kontrolliere später auch regelmäßig, ob die wachsenden Kartoffelknollen gut mit Erde bedeckt sind und gib ggf. weitere Erde in den Sack. Die Knollen dürfen kein Licht abbekommen, sonst werden sie grün und sind dann giftig.

4

*Reif sind deine Kartoffeln, wenn das Laub abgestorben ist. Willst du sie dir direkt schmecken lassen, kannst du sie sofort ausgraben. Wenn du sie jedoch lagern möchtest, musst du sie noch weitere 2 Wochen in der Erde lassen und weiter gießen – erst dann sind sie schalenfest. Das **Pflanzen im Kübel oder Eimer funktioniert** nach demselben Prinzip wie das Pflanzen im Sack. In einem 15-Liter-Kübel ist z. B. Platz für 2 Kartoffelpflanzen.*

MANGOLD Beta vulgaris *subsp.* cicla

Mangold ist eine tolle Alternative zu Spinat und wird genauso zubereitet, seine je nach Sorte kräftig bunt gefärbten Stiele sind jedoch zusätzlich ein echter Eyecatcher auf deinem Balkon. Mangold wurzelt tief und benötigt deshalb ein nicht zu flaches Pflanzgefäß. Ein Platz an der Sonne oder maximal im Halbschatten ist ideal. Neben Blatt- oder Schnittmangold, bei denen die Blätter verwendet werden, ist Stiel- oder Rippenmangold im Handel erhältlich, von denen die Stiele zubereitet werden. Mangold schätzt regelmäßige Wassergaben.

+ IV–V V–X 40–100 cm

Hart im Nehmen: Wenn es nicht übermäßig kalt wird, kannst du Mangold bis über den ersten Frost hinaus ernten.

Nach nur **4 WOCHEN** kannst du deine ersten Radieschen ernten!

RADIESCHEN Raphanus sativus

Perfekt für Anfänger und Ungeduldige: Radieschen sind pflegeleicht und schnell erntereif. Im Handel findest du zwei Samensorten: eine für die Aussaat im Sommer und eine, die du im Frühjahr und Herbst aussäen kannst. Säe in einer Reihe ca. 1 cm tief und mit einem Abstand von 5 cm.

Nach dem Keimen kannst du zu dicht stehende Pflänzchen noch vereinzeln. Nun heißt es: regelmäßig gießen. In das Erdloch des geernteten Radieschens kannst du direkt den nächsten Samen säen.

III–VIII V–IX 10 cm

PAPRIKA Capsicum annuum

Paprika mögen es wohlig warm, wähle daher ein besonders sonniges Plätzchen für sie aus und gib etwas Kompost ins Pflanzloch, denn Paprika benötigen viele Nährstoffe. Pflanzzeitpunkt ist Ende Mai nach den Eisheiligen, wenn sicher ist, dass kein Frost mehr droht. Nimm pro Paprika-Pflänzchen einen Pflanzkübel mit einem Durchmesser von etwa 30 cm und unterstütze es beim Wachsen mit einem Bambusstab. Wenn du viele Früchte ernten möchtest, entferne die Königsblüte, also die erste Knospe. So bleibt deiner Paprika mehr Kraft, um weitere Triebe zu entwickeln.

V–VI VIII–X 50–100 cm +

Mit ein wenig Kompost und viel Sonne kannst du dich auf eine reiche Paprika-ernte freuen!

MÖHRE Daucus carota

Auch Möhren wurzeln tief und benötigen ein mindestens 20–30 cm tiefes Pflanzgefäß. Gut geeignet sind tiefe Blumenkästen, die sich aufs Balkongeländer aufsetzen lassen oder, wenn du genug Platz und einen stabilen Balkon hast, ein leichtes Mini-Hochbeet. Die Samen werden von März–Juni etwa 2 cm tief mit einem Abstand von mindestens 3 cm in lockere, leicht humose Erde gesetzt. Nach etwa 3 Wochen keimen die Samen und müssen ausgelichtet werden. Setze die jungen Pflänzchen um und gib ihnen mehr Platz, sodass alle 5 cm eine Pflanze steht. Jetzt brauchst du nur noch regelmäßig zu gießen.

+ III–VI VI–X 30 cm

Auch die **BLÜTEN** der Zucchini sind essbar.

ZUCCHINI Cucurbita pepo *var.* giromontiina

Mit ihren leuchtend gelben Blüten, die je nach Art von Juni–September erscheinen, sind Zucchini nicht nur ein Gaumen-, sondern auch ein Augenschmaus. Ein warmer, sonniger Standort bietet für ihren Anbau die besten Voraussetzungen. Gib ihnen ausreichend Platz (nur 1 Pflanze pro 30–40-cm-Topf). Wenn du immer schön wässerst, kannst du nach 6–8 Wochen die ersten Früchte ernten.

+ V–VI VII–X 40–150 cm

#PROFITIPP

Zucchinipflanzen sind anfällig für Mehltau. Im Spätsommer lohnt sich die Bekämpfung nicht mehr, im Frühsommer kannst du die Pflanze bei den ersten Anzeichen mit einer Mischung aus Wasser und Backpulver (1% Backpulver, 99% Wasser) besprühen.

#PROFITIPP

Die Aubergine ist ein Mittel- bis Starkzehrer. Hornspäne unter das Pflanzloch gemischt versorgen sie in der Wachstumsphase mit dem nötigen Stickstoff.

AUBERGINE Solanum melongena

Besonders Mini-Auberginen eignen sich gut für den Anbau auf dem Balkon und sind mit ihren kleinen lila Blüten ein echter Blickfang. Sie sind jedoch verfrorene Gesellen und fühlen sich erst ab etwa 16 °C in einer warmen und geschützten Ecke so richtig wohl. Am besten steht dein Auberginen-Kübel direkt neben einer Südwand. Die Pflanzen für die Topfkultur kannst du selbst heranziehen oder beim Gärtner kaufen. Für die Kultur in Töpfen gibt es nicht zu groß werdende Sorten wie „Kaberi" oder „Ophelia", die etwa 60–180 g schwere Mini-Früchte ausbilden. Pflanze sie ab Mitte Mai nach den Eisheiligen ins Freie. Da viel Sonne durstig macht, brauchen Auberginen außerdem viel Wasser.

V–VI VIII–IX 35–70 cm (Mini-Aubergine) +

Tu dir was Gutes!

MEIN SUPERFOOD-BALKON

Diese Pflanzen haben Superkräfte! Sie sind besonders reich an Nährstoffen, Antioxidantien und Vitaminen, stärken dein Immunsystem und können Krankheiten entgegenwirken. Und das Beste: Diese gesunden Leckereien gedeihen auch auf deinem Balkon!

GOJI-BEERE **Lycium barbarum**

Die sonnenhungrige Goji-Beere benötigt einen Kübel von etwa 40 cm Durchmesser und durchlässigen Boden. Versorge sie regelmäßig mit Kompost oder Bio-Dünger. Ein Rückschnitt in Frühjahr und Herbst hält den wuchsfreudigen Strauch auf Balkongröße und fördert die Ausbildung der Früchte.

IV–V VIII–IX bis 3,5 m

Goji-Beeren enthalten jede Menge Nähr- und Vitalstoffe – insbesondere Vitamin B und C.

ROTE BETE **Beta vulgaris *subsp.* vulgaris**

Rote Bete braucht humosen, nährstoffreichen Boden und genügend Sonne. Säe sie ab Mitte März etwa 2–3 cm tief in einer Reihe aus. Nach der Keimung vereinzelst du die Jungpflanzen und setzt sie in Abständen zwischen 7–9 cm. Ernte, wenn die Rote Bete etwa so groß wie ein Golfball ist.

III–V IX–XI bis 30 cm

Neben Eisen ist Rote Bete reich an Folsäure, Vitamin A und C, Calcium, Magnesium, Kalium und Natrium.

Spinat enthält wichtige Mineralstoffe für gesunde Knochen und Zähne und wirkt positiv auf Herz und Blutdruck.

SPINAT Spinacia oleracea

Spinat ist eine wahre Vitaminbombe! Er liefert dir Vitamin A, B6, C, D und K, dazu Kalium, Magnesium und Zink. Gesät wird er im zeitigen Frühjahr oder im Spätsommer in einem Pflanzabstand von 5 cm und einer Saattiefe von 2–4 mm. Blätter und Stiele erntest du am besten frühmorgens, so bleibt Spinat schön knackig!

III–IV, VIII–IX IV–VII, IX–XI bis 20 cm

BUNTE VIELFALT

Besonders gesund ernährst du dich, wenn du jeden Tag „einen Regenbogen" isst. Das heißt ein Stück Obst oder Gemüse jeder Farbe des Regenbogens, denn so ernährst du dich automatisch abwechslungsreicher und deckst deinen Bedarf an verschiedenen Nährstoffen und Vitaminen.

Rot & Pink: z. B. Himbeeren, Tomate, Rote Bete

Orange: z. B. Kürbis, Möhren, Aprikose

Gelb: z. B. Zitrone, Ingwer, gelbe Paprika

Weiß: z. B. Radieschen, Zwiebel, Kartoffel

Grün: z. B. Brokkoli, Zucchini, Salat, Kiwi

Blau & Lila: z. B. Brombeeren, Pflaumen, Aubergine

WEITERE SUPERFOODS, DIE DU IN DIESEM BUCH FINDEST:
Möhre, Rucola, Paprika, Tomate, Basilikum, Oregano, Petersilie, Thymian, Brombeere, Erdbeere, Heidelbeere

Stütze deine Chilipflanze mit Bambusstäben.

CHILI Capsicum frutescens

Neben vielen anderen tollen Eigenschaften (u. a. Antioxidantien, viele Mineralien, Entzündungshemmer) kurbeln Chilis durch ihre Schärfe den Stoffwechsel und damit die Fettverbrennung an! An einem warmen, sonnigen Platz fühlt die Chilipflanze sich wohl. Hornspäne oder Kompost liefern dem Starkzehrer Nährstoffe. Chilis vertragen keinen Frost!

Mitte V (Jungpflanze); I (Samen im Haus!) VII–X bis 2 m

Berrylicious!

BEERENSTARKE BALKONPFLANZEN

Gemütlich im Liegestuhl sitzen und mal eben neben sich greifen und eine frische, süße Erdbeere oder Himbeere pflücken? Kling gut, oder? Beeren sind geschmacklich und optisch eine Bereicherung für deinen Balkon und lassen sich prima in Kästen, Töpfen und Kübeln kultivieren. Hier unsere Tipps zu den **fünf leckersten Beerenklassikern!**

Von besonders kräftigen Pflanzen kannst du nach der Ernte Ausläufer schneiden und damit alte Pflanzen ersetzen.

ERDBEERE Fragaria

Je nach Witterung und Region kannst du ab Ende Mai die ersten Erdbeeren ernten, spätestens ab Juni ist die Ernte in vollem Gange. Vorher sorgst du für eine gute Nährstoffversorgung. Pflück immer nur die voll ausgereiften Exemplare. Die meisten Erdbeersorten fühlen sich in Balkonkästen sehr wohl, besonders für kleine Balkone sind auch platzsparende Kletter- oder Hängeerdbeeren eine gute Option, mit denen du dank Rankgerüsten und Blumenampeln vertikal in die Höhe gärtnern kannst. Erdbeerpflanzen alle zwei bis drei Jahre austauschen, da der Ertrag mit der Zeit zurückgeht.

☼ + ◐ IV,VIII V–VIII ↕ 20 cm, 140–150 cm (Klettererdbeere)

HIMBEERE Rubus idaeus

Züchtungen kleinwüchsiger Himbeerpflanzen gedeihen prima im Pflanzkübel auf dem Balkon. Die Himbeere mag durchlässigen, humosen Boden und eine Mulchschicht sowie einen Platz an der Sonne mit wenig Wind. Halt gibst du ihr mit Stützstäben.

☼ V (Sommer-Himbeere), X (Herbst-Himbeere) VI–VII (Sommer-Himbeere), VIII–X (Herbst-Himbeere) ↕ 80–140 cm (Zwerghimbeere)

Je nach Sorte schneidest du die Ruten direkt nach der Ernte oder im Herbst zurück.

JOHANNISBEERE Ribes

Setze Johannisbeeren am besten im Frühjahr oder Herbst in einen gut gedüngten Boden an einen sonnigen, windgeschützten Standort. Der Pflanzkübel sollte mindestens 20 l gut durchlässige Erde (ggf. mit etwas Sand vermischt) fassen. Johannisbeeren lieben es feucht, aber nicht nass. Mulche den Bereich um die Sträucher deshalb regelmäßig mit Stroh. Nach der Ernte schneidest du alte Triebe dicht am Boden zurück.

ganzjährig VI–VIII 1–2 m

#PROFITIPP

Damit sie luftig wachsen kann, sollte die Pflanze nicht mehr als acht bis zwölf gesunde Triebe haben.

BLAUBEERE Vaccinium myrtillus

Wenn Heidelbeeren waldähnliche Bedingungen geboten werden, belohnen sie dich mit einer Fülle leckerer Früchte. Das heißt: Ein lockerer, humoser und vor allem saurer Boden an einem halbschattigen Standort, regelmäßige Dünger- und Wassergaben sowie ein jährlicher Verjüngungsschnitt sind beste Voraussetzungen für eine gute Ernte. Obwohl Heidelbeeren selbstbefruchtend sind, hat es sich bewährt, mindestens zwei verschiedene Sorten zu pflanzen. Die Beeren fallen dann durch die Fremdbestäubung größer aus. Achte darauf, eine kleinbleibende Sorte auszuwählen.

III–IV; X–XI VIII–IX 50–80 cm

Blaubeeren sollten **DRAUSSEN ÜBERWINTERN!**

BROMBEERE Rubus fruticosus

Eine tolle Neuzüchtung und ideal für den Balkon sind Zwerg- und Hängebrombeeren wie „Little Black Prince" oder „Black Cascade", die sich in einem Kübel oder einer Blumenampel wohlfühlen. Brombeeren mögen es sonnig oder halbschattig, benötigen wenig Wasser und sollten regelmäßig gedüngt werden. Obwohl sie selbstbefruchtend sind, ist eine zweite Pflanze in etwa 40–60 cm Abstand ratsam, da dann die Ernte höher ausfällt.

\+ V VII–IX 100–150 cm

#PROFITIPP

Pieksfrei! Schneide nach der Ernte die Triebe, die Früchte getragen haben, zurück, danach wächst die Brombeere dornenlos nach.

Yes, you can!

OBSTBÄUMCHEN AUF DEM BALKON

Ein Baum auf dem Balkon? Kein Problem! Seit einigen Jahren sind Zwerg- und Säulen-Obstbäume als Kübelpflanzen für den Balkon mehr und mehr im Trend. Sie wachsen sehr langsam und werden auch nach etlichen Jahren nur 1,50 m hoch. An der kugeligen oder säulenartigen Krone tragen sie dennoch normal große Früchte. Solche Wuchsformen gibt es von Apfel, Birne, Aprikose, Pflaume, Nektarine, Pfirsich und Kirsche. Die Minibäumchen sind frosthart und setzen meist ab dem zweiten Standjahr Früchte an.

ZWERGOBSTBÄUMCHEN SCHNEIDEN

Der Winter ist die beste Zeit für den Obstbaumschnitt, da du am blattlosen Baum gut erkennen kannst, welche Äste und Triebe stören. Schneide zuerst alle Triebe heraus, die nach innen wachsen. Sie würden dort nicht genügend Licht bekommen. Außerdem entfernst du stark nach unten und steil nach oben wachsende Triebe sowie abgestorbene und kranke Äste. Schneide dazu bis an den gesunden Trieb heran. Zu guter Letzt bringst du den Baum in Form und kürzt Äste ein, die über die Krone hinauswachsen oder seitlich weit abstehen.

RICHTIG EINGETOPFT

Ein junger Obstbaum benötigt einen Topf mit mindestens 30 Liter Fassungsvermögen – besser zu groß als zu klein. In einer Mischung aus Gartenerde, Sand und Kompost fühlt dein Bäumchen sich wohl. Die Veredelungsstelle sollte etwa 8–10 cm über der Erde herausschauen. Regelmäßiges Mulchen schützt vor Austrocknung.

#PROFITIPP

Für viele Obstsorten gibt es selbstbefruchtende Züchtungen, sodass keine Befruchterpflanze in der Nähe nötig ist. Auch einige Apfelsorten kommen mittlerweile ohne Partner aus. Frag einfach in deinem Gartencenter nach, falls du keinen Platz für ein zweites Bäumchen hast.

ZWERGPFLAUME Prunus domestica

ZWERGZWETSCHGE Prunus domestica *subsp.* domestica

Sowohl Pflaumen als auch Zwetschgen gehören zu den anspruchslosen Obstsorten. Achte beim Kauf darauf, dass die Pflanze selbstbefruchtend ist, dann brauchst du keine Befruchterpflanze in ihrer Nähe. Beide Steinobstsorten mögen einen humusreichen Boden mit ausreichend Feuchtigkeit. Bis auf einen regelmäßigen Auslichtungsschnitt brauchen die Bäumchen nicht viel Pflege. Hierbei entfernst du vor allem altes Holz und Wassertriebe. Ist es seit Längerem trocken, wässerst du durchdringend. Stark tragende Bäume kannst du einmal im Jahr mit Kompost düngen.

+ III–X IV VIII–IX 0,5–1,5 m

JE NACH LICHT reifen die Pflaumen am Baum unterschiedlich schnell.

Gerade auf einem überdachten Balkon ist es sinnvoll, die Säulenkirsche niedrig zu halten. Du kannst sie – bei Bedarf – am besten im Sommer nach der Ernte zurückschneiden.

SÄULENKIRSCHE Prunus avium

Die schlank wachsenden Bäumchen sind ideal für kleine Terrassen und Balkone. Du brauchst für die Ernte keine meterlange Leiter und wenn die Bedingungen stimmen, erntest du trotzdem reichlich. Einige Sorten sind selbstbefruchtend, allerdings entwickeln sich die Früchte besser, wenn in der Nähe ein Befruchtungspartner steht. Im Frühjahr düngst du die Kirsche mit Kompost oder Langzeitdünger und gibst ihr damit Kraft für die Fruchtbildung. Seitentriebe, die zu lang geworden sind, kürzt du nach der Ernte auf 20–40 cm. ein. Wachsen die Zweige zu dicht, kannst du einzelne Triebe auch direkt am Stamm abschneiden.

III–IV IV–V VI–VIII 1–3 m (je nach Schnitt)

MEINE ERNTE

So geht's richtig

Erntezeit ist für Gemüsefans die schönste Zeit im Balkongarten. Jetzt kannst du die Früchte deiner Arbeit genießen! Wir verraten wir, worauf du beim Ernten achten musst, und geben dir Tipps fürs Lagern und Haltbar machen, falls du nicht alles sofort vernaschen möchtest.

Mit einer **DREHBEWEGUNG** löst du die reife Tomate vom Stiel.

STRAUCHGEMÜSE ERNTEN

Am schonendsten für die Pflanzen ist es, wenn du das Gemüse per Hand erntest. So kannst du auch am besten fühlen, ob die Frucht reif ist. Zerre nicht an der Frucht, sonst könntest du die Pflanze verletzten. Egal, ob Paprika, Tomate, Gurke oder Chili: Greife die reife Frucht von unten und löse sie mit einer Drehbewegung vom Strauch ab. Alternativ kannst du Früchte auch mit der Gartenschere vorsichtig abknipsen.

BLATTGEMÜSE ERNTEN

Bei den verschiedenen Salaten oder Blattgemüsen wie Spinat und Mangold empfiehlt es sich, nur die äußeren Blätter einzeln abzubrechen. So bleibt das Herz der Pflanze ganz, sie kann weiterwachsen und du stetig ernten.

KRÄUTER

ERNTEN

Am besten erntest du Kräuter vormittags und vor der Blüte, dann sind sie am aromatischsten. Kräuter mit zarteren Blättern, wie Basilikum, Minze oder Zitronenmelisse, mögen es am liebsten, wenn du sie inklusive Stiel an der

MANGOLD UND SPINAT EINFRIEREN

Damit die grünen Blattgemüse Farbe und Geschmack behalten, gib sie vor dem Einfrieren für 1 Minute in siedendes Wasser. Hebe die Blätter dann mit einer Schaumkelle heraus und gib sie sofort in eine Schüssel mit Eiswasser. Die so blanchierten Blätter trockenschleudern und einfrieren.

AUSNAHME: Oregano ist während der Blüte am aromatischsten.

Blattachsel abknipst. Das geht per Hand oder mit einem Messer (oder einer Schere). Schneide von den Stielen nur so viel ab, dass etwa der halbe Stiel mit der Hälfte der Blätter stehen bleibt. So erholt die Pflanze sich schneller und wächst nach. Zupfe keine einzelnen Blättchen ab, das stresst die Pflanze zusätzlich.

Bei Kräutern mit kräftigeren Stängeln, wie Oregano oder Thymian, darfst du etwas gröber vorgehen und sie mit Messer oder Schere kräftig zurückschneiden. Die röhrenförmigen Blätter des Schnittlauchs schneidest du mit der Schere 2–3 cm über dem Boden ab, dann treibt er wieder aus.

TROCKNEN ODER EINFRIEREN?

Mediterrane Kräuter wie Oregano, Thymian, Rosmarin oder Salbei kannst du zum Trocknen über Kopf in langen Bündeln an einen trockenen, luftigen Ort hängen. Wenn sie bei Berührung rascheln, sind sie fertig getrocknet. Reibe die Blätter von den Stängeln und fülle sie in ein Schraubglas.

Schnittlauch, Basilikum, Petersilie, Kerbel oder Dill haben weiche Blätter und eignen sich daher zum Einfrieren: frische Kräuter waschen, trocken tupfen, klein hacken und einfrieren.

Du kannst klein gehackte Kräuter mit Olivenöl in einer Eiswürfelform einfrieren. So erhältst du wunderbare Würzwürfel zum Braten oder Verfeinern von Suppen, Nudelgerichten, ...

#PROFITIPP

*Achte immer darauf, dass Messer oder Schere **sauber und scharf** sind, um die Pflanze nicht unnötig zu verletzen oder sie mit Keimen zu infizieren.*

BEEREN ERNTEN

Da sie einmal abgepflückt nicht mehr nachreifen, ernte immer nur komplett reife Beeren. Beeren reifen am Strauch nach und nach, sodass du sie regelmäßig abernten kannst. Da alle Beerenfrüchte empfindlich sind, versuche die Beeren nicht zu drücken. Durch Druckstellen sind sie weniger lang haltbar und schimmeln schneller.

Frische Beeren halten maximal wenige Tage im Kühlschrank. Dafür lassen sie sich prima einfrieren und/oder in leckere Marmeladen und/oder Eis verwandeln.

Summ, summ, summ

MEIN KLEINES BIENENPARADIES

Auch der kleinste Balkon lässt sich mit wenig Aufwand attraktiv für Bienen und auch Schmetterlinge gestalten. In den Portraits lernst du einige der besten Pflanzen kennen, die jeden Balkon von März bis November zum Hotspot für hungrige Nektar- und Pollensammler machen. Freue dich auf zahlreiche summende, brummende und bunt flatternde Mitbewohner!

Gute Bienenpflanzen haben **KEINE GEFÜLLTEN BLÜTEN** und sind nicht allzu exotisch, denn damit können viele heimische Insekten wenig anfangen.

DIE TOP 3 IM FRÜHLING

ACHTUNG: Der Winterling ist bei Verzehr giftig, insbesondere die Knollen.

WINTERLING *Eranthis hyemalis*

Der Winterling mit seinen leuchtend gelben Blüten entwickelt sich aus einer Zwiebel, die im Herbst gepflanzt wird. Das kleine Pflänzchen, das sich in vielen winterlichen Gärten als Erstes ans Licht traut, bietet Bienen und Hummeln vor allem Pollen. Um ihre Depots nach einem langen Winter wieder zu füllen, brauchen die Insekten diese Nahrung im Frühling besonders.

IV–XI II–III 5–15 cm

GEFLECKTES LUNGENKRAUT

Pulmonaria officinalis

Lungenkraut ist unkompliziert in der Pflege, verträgt aber keine Trockenheit.

Das Gefleckte Lungenkraut ist dank seiner hübschen Blätter mit den silbrigen Flecken auch ohne Blüte ein echter Hingucker in Kübel oder Balkonkasten. Wenn die trichterförmigen Blüten erscheinen, wechseln sie im Lauf des Aufblühens die Farbe. Bei Bienen und Hummeln ist das Gefleckte Lungenkraut wegen seiner langen Blütezeit, die oft über drei Monate reicht, sehr beliebt. Das Lungenkraut ist ein gutes Beispiel dafür, dass nicht allein die Menge an Nektar und Pollen wichtig ist, sondern auch ein beständiges, möglichst langanhaltendes Angebot.

+ III–IV III–V 10–30 cm

#PROFITIPP

Goldlack in Kübeln und Kästen eher trocken als feucht halten, in nassen Wintern ist Schutz vor Regen sinnvoll.

GOLDLACK

Erysimum cheiri

Vorgetriebene Goldlack-Pflanzen für Kübel, Kästen und Beete sind in großer Auswahl ab März im Handel. Wie viele Frühlingsblüher ist der Goldlack zweijährig, er wird ab Juli ausgesät und braucht die Kälte des Winters, um zur Blüte zu kommen. Die frühe Blütezeit und der intensive Duft der farbenfrohen und leuchtenden Blüten locken neben Bienen und Hummeln auch die ersten Schmetterlinge an.

VII–spätestens IX (Samen), III (Jungpflanzen), IV–VI 25–60 cm

ACHTUNG: Alle Pflanzenteile enthalten Giftstoffe, die in den Samen besonders hoch konzentriert sind.

DIE TOP 4 IM SOMMER

Besonders beliebt bei Hummeln, Weißlingen und Hauhechel-Bläulingen.

KRIECHENDER GÜNSEL

Ajuga reptans

Da er jede Menge Nektar bietet, gehört der Kriechende Günsel wie viele Pflanzen aus der Familie der Lippenblütler, die gut an der eigenwillig geformten Einzelblüte zu erkennen sind, zu den Lieblingen der Insekten. Der Kriechende Günsel ist eine ausdauernde Staude; er kann ohne Probleme im Kübel oder Balkonkasten überwintern und im nächsten Sommer Bienen, Hummeln und Schmetterlinge mit seinen Blüten erfreuen.

+ Frühjahr oder Herbst V–VII 15–20 cm

Auch als Unterpflanzung in Kübeln macht der Günsel eine gute Figur.

#PROFITIPP

Wichtigste Pflegemaßnahme ist der Schnitt, der direkt nach der Blüte erfolgt. Dabei unterhalb der Blütenstiele schneiden: So sorgst du für eine reiche Blüte im nächsten Jahr.

ECHTER LAVENDEL

Lavandula angustifolia

Der blauviolett blühende Lavendel ist der Inbegriff einer mediterranen Pflanzenwelt. Der kleine Halbstrauch aus dem Mittelmeerraum verströmt einen intensiven Duft, dem Insekten nicht widerstehen können. Durch Schnitt lässt sich diese Schönheit mit ihren immergrünen Blättern und schlanken Blütenähren zähmen und auch in kleinen Gefäßen auf dem Balkon halten.

V VI–VIII 40–100 cm

GEWÖHNLICHE STOCKROSE

Alcea rosea

Ein sehr langer und fester Blütenstiel, an dem die Blätter und die großen Blüten sitzen, ist typisch für die Stockrose. Weil sie sehr groß wird, braucht sie einen großen Kübel und unbedingt eine Stütze oder noch besser eine Hauswand, an der sie sich anlehnen kann. Stockrosen blühen erst im zweiten Jahr nach der Aussaat. Am passenden Standort können sie mehrere Jahre durchhalten. Aus der Sicht von Bienen, Hummeln und Schmetterlingen sind die einfach blühenden Stockrosen interessant, weil sie große Mengen an Pollen produzieren.

V–VI VI–IX bis zu 200 cm

#PROFITIPP

Stockrosen wachsen schnell, deshalb zusätzlich mit einem Bio-Dünger für Balkonpflanzen in jeder zweiten Woche versorgen. Abgeblühte Stängel im November zurückschneiden.

Verblühte Rispen kannst du im Sommer ständig herausschneiden, so blüht der Schmetterlingsflieder länger.

SCHMETTERLINGSFLIEDER

Buddleja davidii

Wie sein Name dir schon verrät, ist dieser Zierstrauch ein Magnet für Schmetterlinge und wird vor allem von zahlreichen Tagfaltern als wichtige Nahrungsquelle angeflogen. Ein ausgewachsener Schmetterlingsflieder würde auch den größten Stadtbalkon sprengen, aber es gibt verschiedene niedrigwachsende **Zwergsorten**, die wunderbar im Kübel gedeihen. So kannst du auch ganz ohne Garten diesen sommerlichen Hingucker mit seiner verschwenderischen Blütenpracht genießen.

V–IX VII–X 40–120 cm

Schmetterlingsflieder liebt **VOLLE SONNE** und **MAGERE ERDE.**

DIE TOP 3 IM HERBST

Im **FRÜHLING** versorgt die Fetthennenart „Scharfer Mauerpfeffer *(Sedum acre)*“ deine Bienen.

PURPUR-FETTHENNE

Sedum telephium *subsp.* purpureum

Mit leuchtend rosa Blütenständen fällt die Purpur-Fetthenne nicht nur uns Menschen auf. Bienen, Hummeln und Schmetterlingen liefert sie im Herbst eine reiche Nahrungsquelle. Die Fetthenne gehört zu den Dickblattgewächsen, die in ihren Blättern und Stielen Wasser speichern und so auch längere Durststrecken überstehen. Die Fetthenne wächst willig in Kübeln und Kästen, und weil sich die Blütenstände bis weit in den Winter hinein halten, ist sie sehr lange dekorativ.

III–X VIII–X 40–60 cm

Die Blütenstände im Frühjahr vor dem neuen Austrieb zurückschneiden.

GLATTBLATT-ASTER

Aster novi-belgii

Neben der weit verbreiteten Glattblatt-Aster stehen weitere Herbst-Astern zur Verfügung, die alle gute Weiden für Bienen und Hummeln sind. Glattblatt-Astern sind wie alle Herbst-Astern Stauden. Sie wachsen von der Mitte nach außen, nach zwei oder drei Jahren ist die Mitte dann kahl und die Stauden fallen schnell auseinander. Die Astern deshalb in jedem dritten Jahr nach der Blüte ausgraben, teilen und neu auspflanzen. Achte beim Kauf von Jungpflanzen darauf, dass die Blüten nicht gefüllt sind, sonst sind sie für Bienen, Hummeln und Schmetterlinge uninteressant.

III–X IX–X 80–160 cm

Blütenstiele im Frühjahr vor dem neuen Austrieb zurückschneiden. Im ersten Winter nach der Pflanzung ist ein Vlies als Frostschutz sinnvoll.

HERBST-ANEMONE

Anemone hupehensis

Die Herbst-Anemone bedient Bienen, Hummeln und Schmetterlinge teilweise bis in den November hinein mit dem begehrten Pollen, den die Insekten als Futter für den Winter brauchen. Herbst-Anemonen sind aus Kreuzungen verschiedener spät blühender Arten entstanden, deshalb können sie recht unterschiedlich aussehen. Auffällig ist bei allen Varianten der dichte gelbe Kranz aus Staubgefäßen mit viel Pollen in der Blütenmitte.

III–X VIII–XI 30–100 cm, selten bis 120 cm

WINTERQUARTIER FÜR DEN WILDBIENENNACHWUCHS

Die meisten wilden Bienenarten sterben im Sommer, kurz nachdem sie ihre Eier in die Nester gelegt haben. Die verpuppte Larve verbringt den Winter im Nest und schlüpft im Frühjahr. Aus hohlen, glattwandigen Pflanzenstängeln von Bambus oder verschiedenen Gräsern lassen sich einfache Nisthilfen bauen, die den Larven als Winterquartier dienen.

NISTHILFE AUS HOHLEN PFLANZENSTÄNGELN

Die Röhrchen aus hohlen, glattwandigen Pflanzenstängeln gut bündeln und zusammenbinden oder in eine Dose stecken. Die Nodien, das heißt die Knoten in den Stängeln, müssen hinten liegen, sonst versperren sie den Weg. Das Material vorne beim Einzugloch muss ganz sauber und glatt sein.

Die Nisthilfe sollte an einem sonnigen und trockenen, wettergeschützten Platz angebracht werden. Dazu sollten im Frühjahr nektarreiche Bienenpflanzen in der Nähe sein. Über die Wintermonate kannst du die Nisthilfe bei Bedarf durch eine vorgehängte Schilfmatte, Sperrholzplatte o. Ä. gegen Wetterextreme und Vogelfraß schützen.

Da blüht dir was!

BLUMEN *für den* SCHATTENBALKON

Auf Nordbalkonen wächst höchstens Langeweile? Weit gefehlt! Denn auch bei Pflanzen gibt es Sonnenanbeter und Schattenliebhaberinnen. Mit der richtigen Pflanzenauswahl kannst du deinen Schattanbalkon in eine kleine Blühoase verwandeln. Hier unsere **top Tipps für unkomplizierte, blühfreudige Lieblingspflanzen!**

#PROFITIPP

*Auch viele **KÜCHENPFLANZEN** gedeihen prächtig im Schatten, z. B. Feldsalat, Rucola, Radieschen, Rote Bete, Waldmeister, Bärlauch oder Minze.*

FUNKIEN UND FARNE sind grüne Schattenwunder mit hübschen Blattformen und -färbungen.

#PROFITIPP

Vor dem ersten Frost ziehst du die Pflanze in ein kühles, dunkles Winterquartier um. Entferne vorher alle Blüten und die noch weichen Triebe.

FUCHSIE Fuchsia

Die Fuchsie mit ihren zauberhaften zarten Blüten liebt einen schattigen bis halbschattigen Standort. Während der Blütezeit nur mäßig gießen. Besprühe sie bei trockener Luft mit Wasser, das liebt sie ebenso wie regelmäßiges Düngen und Ausputzen.

+ V–VI V–IX 30–100 cm

FLEISSIGES LIESCHEN

Impatiens walleriana

Das Fleißige Lieschen ist eine gute Anfänger-Pflanze. Sie ist anspruchslos und ideal für schattige und halbschattige Standorte. Regelmäßige Wasser- und Düngegaben reichen bereits aus, damit das „Lieschen" prächtige Blüten hervorbringt.

+ V–VII V–X 20–40 cm

KNOLLENBEGONIE

Begonia × tuberhybrida

Alle Teile der Pflanze sind **GIFTIG!**

Knollenbegonien gibt es hängend und stehend, mit einfachen oder gefüllten Blüten in Weiß, Gelb, Orange, Rosa und Rot. Regen und Wind mögen Begonien nicht besonders. Vor dem ersten Frost ausgraben, Stängel auf wenige Zentimeter stutzen, Knolle säubern und die Pflanze dunkel, kühl und trocken überwintern; im Frühjahr neu einpflanzen und mäßig angießen.

+ II/III (Knollen vortreiben), V (ins Freie) V–X 20–40 cm

FROST-HART!

Entferne vor dem Austreiben im Frühjahr die abgestorbenen Blütenstängel.

ASTILBE

Astilbe

Prachtspiere wird die Astilbe auch genannt und prächtig ist sie in der Tat mit ihren federartigen Blütenrispen. Sie schätzt einen feuchten Boden und etwas Dünger im Frühjahr. Ein Rückschnitt ist nicht erforderlich.

+ IV–XI, III–V VI–IX 30–120 cm

NOCH MEHR SCHATTENBLÜHER:

- Balkan-Storchschnabel *Geranium macrorrhizum*
- Elfenblume *Epimedium*
- Fingerhut *Digitalis purpurea*
- Glockenblume *Campanula*
- Hortensie *Hydrangea macrophylla*
- Maiglöckchen *Convallaria majalis*
- Mandelwolfsmilch *Euphorbia amygdaloides*
- Sternjasmin *Trachelospermum jasminoides*
- Tränendes Herz *Lamprocapnos spectabilis*
- Veilchen *Viola*
- Waldsteinie *Waldsteinia ternata*

BLÜTENPRACHT ohne „grünen Daumen"

Deine Blumen sind nicht vertrocknet, die wachsen knusprig? Wenn das bisher dein Motto war, bist du in diesem Kapitel richtig. Hier findest du die wichtigsten Balkongartentipps zusammengefasst sowie unsere **Top 10 der schönsten, blühfreudigsten und unkompliziertesten Balkonpflanzen** – da sind garantiert auch für dich ein paar neue Pflanzenfreunde dabei!

UNSERE TOP-5-TIPPS FÜR BALKONEINSTEIGERINNEN

Erstens: Der richtige Standort
Achte beim Kauf unbedingt darauf, ob deine Wunschpflanze für einen sonnigen (das sind die meisten Pflanzen), sonnig bis halbschattigen (ebenfalls eine große Gruppe) oder schattigen (auch hier gibt es einige Schönheiten, siehe Seite 58/59) Standort geeignet ist.

Zweitens: Keine nassen Füße!
Fülle bei Topf- bzw. Kübelpflanzen unten in das Pflanzgefäß eine Schicht Blähton oder Kiesel als Drainage ein. So vermeidest du Staunässe im Topf, die für die meisten Pflanzen tödlich ist.

Drittens: Das richtige Substrat
Achte darauf, ob deine Pflanzen eher kalkhaltigen oder sauren Boden brauchen, humoses oder locker-sandiges Substrat. Ziehe Pflanzen immer in Anzuchterde vor. Und tausche alte Erde regelmäßig aus oder frische sie auf.

Viertens: Genug Platz
Ob im Topf für die Wurzeln oder um den Topf herum für Blätter und Zweige: Auch auf einem Balkon braucht eine Pflanze ausreichend Platz. Genaue Hinweise findest du an der Jungpflanze oder auf der Saatguttüte.

Fünftens: Achtung, Wind!
Hast du einen zugigen Balkon, wähle vor allem kompakte Pflanzen mit biegsamen Trieben und Stängeln aus, damit diese nicht vom Wind zerzaust oder sogar ganze Triebe abgerissen werden. Wind trocknet die Erde in den Töpfen außerdem schneller aus, sodass du an warmen, windigen Tagen öfter gießen musst (aber nie in der Mittagshitze!).

#PROFITIPP

Hängende Sommerblumen pflanzt du am besten in den hinteren Kastenbereich, sodass sie nicht direkt nach unten hängen und dann bei starkem Wind abbrechen.

GERANIE, PELARGONIE

Pelargonium

Die Geranie heißt eigentlich Pelargonie und ist der Klassiker unter den Balkonblumen, denn sie ist sommers wie winters super unkompliziert. Es gibt sie hängend oder stehend in Weiß, Pink, Violett, Rot-, Orange- und Rosatönen. Geranien sind pflegeleicht und sehr blühfreudig, wenn du ihnen einen sonnigen bis halbschattigen, vor Zugluft geschützten Platz bietest, sie etwa alle zwei Wochen düngst und Verwelktes gelegentlich ausknipst. Zum Überwintern gräbst du deine Geranie(n) vor dem ersten Frost einfach aus und klopfst vorsichtig lockere Erde ab (die Erde um die feinen Wurzeln herum bleibt dran). Kürze alle Triebe bis auf 10 cm ein, entferne fast alle Blätter, wickele die Pflanze(n) um den Wurzelballen herum in Zeitungspapier ein und lege sie in eine Kiste. Die stellst du an einen hellen, kühlen(!) Ort. Über den Winter die Triebe ab und zu mit Wasser besprühen. Im Frühling die überwinterten Blumen wieder einpflanzen und gießen. Die ersten neuen Triebe werden nicht lang auf sich warten lassen.

+ V–VII V–X 25–40 cm

#PROFITIPP

Pelargonien lieben Kaffeesatz als Dünger.

HUSARENKNOPF

Sanvitalia procumbens

Die auch „Mini-Sonnenblume“ genannte Pflanze mit den leuchtend gelben Blütenköpfchen ist ein sehr robustes Gewächs und perfekt geeignet für Geländerkästen und Hängeampeln an weniger geschützten Ecken deines Balkons. Denn dank ihres dichten Wuchses und der biegsamen Triebe können der hübschen Pflanze auch Wind und Regen nichts anhaben. Der Husarenknopf benötigt nährstoffreiche, humose Blumenerde und gedeiht am besten in voller Sonne, ist aber auch mit einem warmen Plätzchen im Halbschatten zufrieden.

+ ab Mitte V V–X 15–20 cm

GUTE PFLANZNACHBARN sind Petunien oder Zauberglöckchen.

KAPKÖRBCHEN Osteospermum

Nicht ohne Grund erfreuen sich die ursprünglich aus Afrika stammenden, leuchtend blühenden Kapkörbchen immer größerer Beliebtheit. Die anspruchslosen Blumen mit ihren hübschen orangen, weißen oder violetten Blüten kommen auch mit Hitze und starker Sonne gut zurecht. Selbst zeitweise Trockenheit macht ihnen nichts aus, wenn du einmal vergisst sie zu gießen oder übers Wochenende verreist bist. Die sonnenhungrigen Pflanzen mögen einen warmen und sonnigen Standort, kommen aber auch im Halbschatten zurecht. Nach den Eisheiligen, Mitte Mai, kannst du sie pflanzen. Sie fühlen sich in herkömmlicher Blumenerde wohl und benötigen kein besonderes Substrat. Wer die verwelkten Blüten regelmäßig ausschneidet und etwa alle zwei Wochen etwas düngt, wird bis in den Herbst hinein stets mit neuen Blüten belohnt.

V V–X bis 50 cm

GUTE PARTNER sind Petunien und Verbenen.

Kapkörbchen erfreuen mit ihrer langen Blütezeit auch Bienen und Hummeln.

Auf dieses Sommersonnengelb kannst du dich Jahr für Jahr freuen! An einer schützenden Hauswand platziert und mit Vlies um Topf oder Kübel verträgt die winterharte Staude Temperaturen bis -20 °C.

MÄDCHENAUGE Coreopsis

MEHRJÄHRIG!

Das Mädchenauge überzeugt sowohl Balkon-Anfängerinnen als auch Garten-Profis mit seiner langen, reichen Blüte in leuchtenden, warmen Gelb- und Rottönen sowie mit seiner Robustheit gegenüber Schädlingen und Krankheiten. Die Pflanze wächst aufrecht und buschig und ist eine echte Sonnenanbeterin. Sie benötigt nährstoffreichen, lockeren, humosen Boden und verträgt keine Staunässe. Mit Trockenheit und heißen Temperaturen kommt sie gut zurecht.

ab Mitte V VI–X 40–80 cm

MÄNNERTREU *Lobelia erinus*

Ein echter Teamplayer ist diese auch Lobelie genannte Pflanze. Männertreu lässt sich problemlos mit anderen Gewächsen kombinieren und fühlt sich zwischen höheren Pflanzen in Kästen, hängend in Ampeln oder als Unterpflanzung in Kübeln wohl. Das niedrig wachsende Pflänzchen bildet kompakte, dünne Triebe und blüht in einer Farbpalette von hell- bis dunkelblau, kornblumenblau, rosa und weiß. Auch Sorten mit hängenden Trieben kannst du im Gartenhandel finden. Da Lobelien keinen Frost vertragen, pflanzt du sie am besten erst Mitte Mai, nach den Eisheiligen auf dem Balkon. Nach der ersten Blüte regst du die Pflanze durch Rückschnitt zum Nachtreiben an. Trage beim Schneiden Handschuhe, denn sämtliche Männertreu-Arten enthalten für Menschen und Tiere giftige Alkaloide. Dünger braucht Männertreu kaum.

+ Mitte V III–X 10–30 cm

PETUNIE *Petunia*

Ein weiterer Klassiker unter den Balkonblumen ist die unkomplizierte Petunie. Mit wenig Aufwand verwandelt der pflegeleichte Dauerblüher deinen Balkon in ein wahres Blütenmeer – denn außer genügend Wasser und alle 1–2 Wochen etwas Dünger benötigt die Petunie nichts. Ihre trichterförmigen einfachen oder gefüllten Blüten kommen am besten in Geländerkästen und Ampeln zur Geltung. Petunien blühen je nach Sorte in verschiedenen Größen und vielen unterschiedlichen Farben. Die hellgrünen Blätter sind klebrig und teils duftend. Hängepetunien bilden je nach Sorte bis zu 2 m lange Blütenschleppen. Wenn du Verblühtes regelmäßig entfernst, kannst du dich über eine lange, üppige Blüte freuen.

+ ab Mitte V V–X 15–20 cm

Die Petunie ist in allen Teilen **GIFTIG!**

OXALIS, SAUERKLEE

Oxalis triangularis

Roter Sauerklee gehört zu der Sorte lästiger Unkräuter, die man kaum je wieder los wird. Da siehst du bereits: Mit Klee kann man fast nichts falsch machen. Daher legen wir dir den Verwandten des hartnäckigen Krauts ans Herz. Roter „Glücksklee" mit dreieckigen Blättern und wunderschönen, kleinen lila Blüten bleibt brav in seinem Topf. Neben mäßigen Wassergaben (spätestens, wenn die Stiele herunterzuhängen beginnen!) braucht Dreiecksklee fast nichts. An den Füßen trägt er sogenannte Rhizome, kleine Knollen, die ihn auch versorgen, falls du das Gießen einmal vergisst. Vertrocknete Stiele vorsichtig herauszupfen. Keine Sonne, kein Frost! Such ihm ein schattiges Plätzchen und überwintere ihn auf einem Ost- oder Nordfensterbrett. Im Winter trägt die Pflanze weniger Laub und Stiele, im Frühjahr treibt sie wieder aus.

+ ab Mitte V V–IX 20 cm

Für **SCHATTEN-BALKONE.**

Quasi **UNVERWÜSTLICH!**

TAGETES

Tagetes

Die auch als Studentenblume bekannte Pflanze ist ein zäher Dauerblüher, der sich durch nahezu nichts stören lässt. Egal ob Hitze und Trockenheit oder Wind und Regen – die Tagetes erholt sich auch von extremem Wetter und macht dir mit ihrer sehr ausdauernden Blüte Freude bis zum ersten Frost. Die einfachen, halb gefüllten und gefüllten Blüten in Cremeweiß, Gelb, Gelb-Orange, Orange, samtigem Rot und Braunrot setzen leuchtende Akzente auf dem Balkon. Verblühte Blüten schneidest du mit einem scharfen, sauberen Messer oder einer Gartenschere einfach ab, so blüht deine Tagetes besonders lang. Die anspruchslose Pflanze kommt mit einfacher, lockerer Gartenerde zurecht.

+ ab Mitte V V–X 20–100 cm

(ungefüllte Blüten)

VERBENE Verbena

Diese hübsche Zierblume verträgt Regen, Wind und Hitze. Das Einzige, was sie nicht mag, ist Schatten. Verbene wächst buschig und überhängend und ist deshalb besonders dekorativ in Blumenkästen und Kübeln. Sie riecht leicht würzig, stellt wenig Ansprüche an den Boden und zählt zu den Dauerblühern, deren Blüte bis zum ersten Frost reicht. Die kleinen Blüten der auch als Eisenkraut bekannten Blume bilden dichte Dolden in allen erdenklichen Farben – nur nicht in Gelb. Neue Dolden bilden sich besonders eifrig, wenn du die verblühten regelmäßig abknipst, gut gießt und einmal in der Woche düngst.

V–VI V–X 30–50 cm

Gehört zu den **NACHTSCHATTENGEWÄCHSEN** und ist damit **GIFTIG!**

ZAUBERGLÖCKCHEN Calibrachoa

Zauberglöckchen erinnern zu Recht an Petunien, denn sie sind aus Kreuzungen mit kleinblumigen Petunien-Arten entstanden. Die farbenfrohen Sommerblüher sind ideal für Vielbeschäftigte, denn im Gegensatz zu vielen anderen Blumen müssen beim Zauberglöckchen verwelkte Blüten nicht entfernt werden, sondern werden einfach von den neuen Blüten überwuchert. Auch Wind und Regen machen den widerstandsfähigen Pflanzen nichts aus. Die Blüten erinnern an kleine Kelche, neben einfarbigen sind mehrfarbige und gemusterte Varianten im Trend. Zauberglöckchen bilden flache, dichte Kissen, die gern auch über Kästen oder Kübel hängen.

\+ ab Mitte V IV–X 20 cm, Länge bis zu 60 cm

#PROFITIPP

Auch sehr gut als Unterpflanzung in Kübeln einsetzbar.

GUTEN BLÜTENAPPETIT!

Du kannst dich nicht zwischen Gemüsegärtchen und Blumenbalkon entscheiden? Kein Problem: Viele Blüten sind nicht nur zum Anschauen da, du kannst sie auch essen. Sie sind eine außergewöhnliche Dekoration auf deinen Gerichten und sorgen vor allem in Salaten und Desserts für besondere, feine Geschmacksnoten von süßlich über nussig bis leicht scharf. Hier kommen ein paar **leckere Pflanzentipps für deinen blühenden Naschbalkon!**

WILLKOMMEN IN DER BLÜTENKÜCHE!

DUFTGERANIE, DUFTPELARGONIE Z. B. Pelargonium odoratissimum ODER Pelargonium citrosum

Beim Zerreiben der interessant geformten Blätter entströmt je nach Art ein zitroniger oder rosenähnlicher Duft. Es gibt viele hundert Arten und Sorten mit ganz individuellen Duft- und Geschmacksnoten. Essbar sind Blüten und Blätter.

HORNVEILCHEN (Viola cornuta) UND ACKERSTIEFMÜTTERCHEN (Viola arvensis)

Die Blüten in ihren aparten Farbkombinationen eignen sich gut als Tellerdekoration, auch für pikante Gerichte.

KAPUZINERKRESSE (Tropaeolum)

Blätter und Blüten der Kapuzinerkresse schmecken mild-scharf – ein klein wenig wie Gartenkresse, aber mit dem unverwechselbaren Hauch der Kapuzinerkresse. Die unreifen Samen sind wesentlich schärfer. Man kann sie in Essigwasser als „falsche Kapern" einlegen.

Als Kapernersatz eignen sich auch die Blütenknospen. Ganze Blätter und Blüten sind essbare Zierde im Salat. Vor dem Verzehr auf kleine Insekten kontrollieren, die sich gerne tief im Inneren der Blüten verstecken!

BLÜTEN-EISWÜRFEL

Ein absoluter Hingucker in Cocktail, Prosecco oder Limo sind bunte Blüten-Eiswürfel. Fülle dazu deine Eiswürfelformen zu 1/3 mit Wasser, lege die gewaschenen Blüten darauf und stelle alles einige Stunden ins Gefrierfach. Sobald die Würfel gefroren sind, füllst du die Formen mit Wasser zu 2/3 auf, erneut einfrieren – fertig!

RINGELBLUME (Calendula officinalis)

Die Blüten bleiben lange frisch und bringen Farbe auf den Teller. Abgezupfte Blütenblätter kannst du zum Beispiel über portionsweise angerichtete Butter streuen. Die Blätter haben ebenfalls ein feines Aroma.

TAGLILIE (Hemerocallis)

Mit ihrem nussigen, leicht scharfen Geschmack sind die Knospen der Taglilien eine absolute Delikatesse und ein Geheimtipp unter den essbaren Blüten.

NOCH MEHR BLÜTENSCHMAUS!

ART	GESCHMACK UND VERWENDUNG
Echter Lavendel *(Lavandula angustifolia)*	**intensives Aroma; zu Fleischgerichten und süßen Nachspeisen**
Eisbegonie *(Begonia semperflorens)*	**säuerlich frisch; Süßspeisen, Desserts und Bowle**
Jasmin *(Jasminum officinale)*	**süß; zu Tee, Dessert, Limonade oder Eis**
Kornblume *(Centaurea cyanus)*	**schwach würzig, leicht bitter**
Löwenzahn *(Taraxacum)*	**süßlich; Dekoration für Kuchen und Torten; lässt sich zu Gelee und Marmelade verarbeiten**
Staudenphlox *(Phlox paniculata)*	**kräftiges Aroma; zu verschiedenen Gerichten**
Sonnenblume *(Helianthus annuus)*	**im Salat**
Vergissmeinnicht *(Myosotis sylvatica)*	**geringer Eigengeschmack; Dekoration für Suppen und Salate**
Zucchiniblüte *(Cucurbita pepo var. giromontiina)*	**zu Fleisch und Fisch oder mit verschiedenen Füllungen**

Höher, schneller, Sichtschutz!

DIE SCHNELLSTEN BLÜHENDEN KLETTERPFLANZEN

Kletterpflanzen an Rankgittern sorgen auf dem Balkon für blühende „Tapeten" und schützen vor unerwünschten Blicken. In Kästen mit integrierter Rankhilfe gepflanzt, lassen sich die grünen Wände sogar ganz praktisch nach Belieben verrücken, z. B. als mobile Schattenspender. Damit es auch bei dir bald klettert, grünt und blüht, hier unsere **Tipps für blühfreudige, farbenfrohe, schnellwachsende Winder, Schlinger und Ranker** auf deinem Balkon!

VON SCHLINGERN UND RANKERN

Kletterpflanzen haben je nach Art verschiedene Rankorgane. Bei den Schlingern oder Windern bewegt sich die Triebspitze mit kreisförmigen Wachstumsbewegungen, bis sie einen Halt findet. Erst wenn sich der Trieb fest verankert hat, bilden sich die Blätter aus. Zu den Schlingern gehören die meisten einjährigen Kletterpflanzen, wie z. B. die Schwarzäugige Susanne. In der Regel schlingen sie sich gegen den Uhrzeigersinn um die Kletterhilfe. Beachte die Kletterrichtung, wenn du versuchst, die jungen Triebe in die Höhe zu leiten, sonst zwingst du die Pflanze versehentlich in die falsche Richtung, aus der sie sich wieder zu befreien sucht.

Ein anderes Kletterverhalten haben die Ranker. Zu ihnen gehört z. B. die die Glockenrebe, deren Blätter sich zu Rankorganen umgebildet haben. Bei anderen wie der Clematis fungieren die langen Blattstiele als Kletterorgane; sie umschlingen die Schnüre oder Stäbe und fixieren die Triebe auf diese Weise.

HILFE FÜR KLETTERPROFIS

Die zarten Triebe oder Rankorgane der Kletterpflanzen halten sich am besten an dünnen Schnüren oder Stäben aus Holz oder Metall

fest. Flechtgitter aus Weidenzweigen, Bambus und anderen natürlichen Materialien eignen sich ebenfalls gut. Die Rankunterlagen werden entweder direkt in den Topf gesteckt oder separat an der Fassade beziehungsweise freistehend angebracht.

WINDSICHER VERANKERN

Freistehende Töpfe oder Pflanzgefäße mit Stäben oder Rankgittern werden in windexponierten Lagen leicht umgeweht. An diesen Orten bindest du sie deshalb am besten fest.

Oft gibt es die Möglichkeit, die Schnüre einfach an einem Balkongeländer im Stockwerk darüber anzuknoten. Im Zweifel einfach mal die Nachbarn ansprechen!

GLOCKENREBE *Cobaea scandens*

Prächtige, glockenartige Blüten zeichnen diese Kletterpflanze aus Mexiko aus. Die Glockenrebe klettert mithilfe von Blattranken, die sich am Ende der paarig gefiederten Blätter bilden. Bei Wärme und guter Wasser- und Nährstoffversorgung fühlt sie sich in großen Kästen wohl und bildet einen guten Sichtschutz. Die lang gestielten, duftenden Blüten sind zunächst grün und färben sich dann dunkelviolett.

+ Mitte V VII–X bis zu 6 m

Nur mit Handschuhen schneiden. Besonders der Pflanzensaft ist GIFTIG.

WALDREBE *Clematis*

Die Clematis, auch als Waldrebe bekannt, ist der zierliche Star unter den Kletterpflanzen. Leichtfüßig rankt sie an Geländern, Bögen und Spalieren hinauf und sorgt so für einen luftigen Sichtschutz. Ihre sternförmigen Blüten, die in vielen Farbkombinationen erhältlich sind, verleihen deinem Balkon romantisches Flair. Clematis sollte mit den Füßen im Schatten stehen, hält den Kopf aber gern in die Sonne. Ein durchlässiger Boden, der immer leicht feucht ist, bekommt ihr gut.

+ III–V, VIII–X III–XI ab 60 cm

SCHWARZÄUGIGE SUSANNE

Thunbergia alata

Im Gartencenter findest du viele Sorten dieser ursprünglich aus Ostafrika stammenden, hübschen Pflanze – als Kletterpflanze oder auch hängend als Ampelpflanze. Sie blüht orange, gelb oder weiß, mit oder ohne schwarzes „Auge". Die Schwarzäugige Susanne braucht es sonnig, warm und windgeschützt. In Jahren mit hohen Temperaturen entwickelt sie sich besonders gut. Hummeln lieben sie!

Mitte V · V–IX · bis 150 cm

#PROFITIPP

Für eine reiche Blütenpracht alle 2–4 Wochen mit einem organischen Dünger düngen.

Nutz- UND Zierpflanze

FEUERBOHNE

Phaseolus coccineus

Die Feuerbohne, wegen ihrer schönen rot-orangen oder rot-weißen Blüten auch Prunkbohne genannt, ist eine echte Schnellklettermeisterin. Sie gedeiht in größeren Kästen und Kübeln hervorragend und bietet mit ihrem üppigen, bis zu 3 m hohen Wuchs einen guten Sichtschutz. Es gibt auch kleinere, buschige Züchtungen, die u.a. sehr gut für die Ampelbepflanzung geeignet sind.

Die langen Bohnenhülsen ergeben ein vorzügliches Gemüse. Achtung: Roh sind sie giftig und ungenießbar! Die Bohnen lassen sich je nach Sorte gut einfrieren. Alternativ kannst du die Hülsen ausreifen lassen, die trockenen Bohnenkerne ernten und entsprechend zubereiten.

V–VI · VII–IX · bis 300 cm

EXPLODIERENDE GURKEN UND KLETTERNDE MELONEN

Noch mehr **Gemüse, das klettern kann:** Einige zu den Kürbisgewächsen zählende Sorten werden nicht allzu hoch und bieten teilweise guten Sichtschutz. Probier's doch mal mit der **Mini-Gurke** *(Melothria scabra)* mit gesprenkelten Früchtchen in der Größe von Stachelbeeren. Ab Juli bis in den frühen Herbst darfst du dich auf die säuerlichen Gürkchen zum Salat freuen. Im geschützten, warmen Klima auf sonnigen Balkonen gedeiht auch die **Zuckermelone** *(Cucumis melo)* gut. Sie klettert an einem stabilen Rankgitter bis etwa 1,80 m hoch. Die zuckersüßen Früchte reifen ab August. Experimentierfreudige wagen sich an **Igel-** *(Echinocystis wrightii)* und **Explodiergurken** *(Cyclanthera explodens = C. brachystachya)*. Beide blühen unscheinbar, aber wachsen schnell und bieten einen guten Sichtschutz. Die igeligen Fruchtstände platzen beim Reifen an zwei Nähten auf, sodass die Samen weggeschleudert werden.

Tomate ♡ Ringelblume!

DIE BESTEN PFLANZEN-WGs

Manche Pflanzen vertragen sich gut und unterstützen sich gegenseitig, während andere sich spinnefeind sind. Welche Kräuter, Gemüse und Blumen gute Kübel-Mitbewohner sind und welche Nachbarschaften du lieber vermeiden solltest, erfährst du hier.

GLEICH UND GLEICH GESELLT SICH NICHT GERN!

Botanische Verwandtschaft ist keine Garantie für gutes Auskommen, sondern bewirkt oft eher das Gegenteil, etwa zwischen Erbsen und Bohnen, Möhren und Roten Beten oder Tomaten und Kartoffeln, die beide Nachtschattengewächse sind. Mehr gute und schlechte Nachbarn findest du in der Tabelle auf Seite 73.

MISCHKULTUR FÜR ERFOLGREICHE ERNTE

Die Wahl des richtigen Partners fördert das Gedeihen: Erdbeeren schimmeln weniger leicht, wenn sie gemeinsam mit Knoblauch oder Zwiebeln wachsen dürfen, Sellerie sowie Thymian, Salbei oder Pfefferminze halten mit ihrem starken Aroma Kohlpflanzen die Schädlinge vom Leib, Bohnenkraut vertreibt die schwarze Bohnenlaus und die winzigen Blüten vieler Kräuter locken bestäubende Insekten an. Auch Blumen passen bestens ins Gemüsebeet: Tagetes zum Beispiel schützen vor schädlichen Nematoden im Boden. Ringelblumen sind besonders wertvolle Mitbewohnerinnen: Sie vertragen sich mit allen anderen Pflanzen, ziehen Bestäuber an, vertreiben ebenfalls Nematoden und Schnecken und lockern den Boden mit ihren Wurzeln auf.

TRAUMPAARE IM BALKONBEET – TOP 5

1. Möhre ♡ Zwiebel
Die Möhre hält die Zwiebelfliege fern und die Zwiebel vertreibt die Möhrenfliege.

2. Kohlrabi ♡ Tomate ♡ Ringelblume
Die Blätter des Kohlrabis beschatten die Wurzeln der Tomate, während der Tomatengeruch Kohlschädlinge fernhält. Die Ringelblume lockt bestäubende Insekten an.

3. Himbeere ♡ Maiglöckchen & Vergissmeinnicht
Als Unterpflanzung im Himbeer-Kübel fördern Maiglöckchen und Vergissmeinnicht den Ertrag und halten die Maden des Himbeerkäfers fern.

4. Gurke ♡ Dill ♡ Borretsch
Dill fördert die Keimfähigkeit der Gurke, die ausgewachsene Gurke dankt es ihm, indem sie dem Dill mit ihren Blättern Schatten spendet, was wiederum sein Wachstum fördert. Der bienenfreundliche Borretsch lockt Bestäuber an.

5. Basilikum ♡ Tomate
Basilikum wird neben einer Tomatenpflanze seltener von Wurzelfäule befallen und bildet mehr Blätter aus. Der Tomate verhilft er im Gegenzug zu einem intensiveren Aroma, schützt sie vor Mehltau und vertreibt Weiße Fliegen.

Kohlrabi

Tomate

Ringelblume

DER NÄCHSTE, BITTE! AUF DIE FRUCHTFOLGE ACHTEN

Möchtest du im selben Jahr verschiedene Pflanzen auf deinem Balkon anbauen, ohne jedes Mal komplett die Erde im Kübel zu tauschen, empfiehlt es sich, auf die Fruchtfolge zu achten, also die Reihenfolge, in der angebaut wird. Achte dabei darauf, wie hoch der Nährstoffbedarf der einzelnen Pflanzen ist. So kannst du beispielsweise im zeitigen Frühjahr schwach zehrende Zwiebeln oder Radieschen anbauen, danach stark zehrende Zucchini oder Tomaten pflanzen und im Spätsommer wieder mit schwachzehrendem Feldsalat oder Rucola abschließen.

#PROFITIPP

Pflanze ***TIEFWURZELNDE*** *und* ***FLACHWURZELNDE*** *Gemüse zusammen, z. B. Möhren mit Mangold oder Salat, so kommen die Gewächse sich nicht in die Quere.*

MISCHKULTUR – GUTE NACHBARN, SCHLECHTE NACHBARN

+ günstig　　– ungünstig　　☐ neutral

	Asiasalate	Aubergine	Blumenkohl	Brokkoli	Bohne	Chinakohl	Erbsen	Erdbeeren	Fenchel	Feuerbohne	Grünkohl	Gurke	Kartoffel	Knoblauch	Kohl	Kohlrabi	Kürbis	Lauch	Mangold	Möhre	Paprika	Radieschen	Rhabarber	Rosenkohl	Rote Bete	Rotkohl	Rucola	Schwarzwurzel	Sellerie	Spinat	Tomate	Zwiebel
Asiasalate			–	–	+	–	+	–			–			–	–	–			+	+		–		–	+	–	–			+	+	+
Aubergine			+	+		+	–				+		–		+						–			+	–	+				+		
Blumenkohl	–	+		+	+	+	+			+	–	+		–				+	+		+	+					–		+	+	+	–
Brokkoli	–	+	+		+	+	+			+	–	+		–				+	+		+	+					–		+	+	+	–
Bohne	+		+	+		+	–	+	–	+	+	+		–	+	+	+	–	+			+	+		+	+	+		+		+	–
Chinakohl	–	+	+	+	+					+	–	+	–	–				+	+	+	+	+					–		+	+	+	–
Erbsen	+	–	+	+	–				+	–	+		–	–	+	+		–		+	–	+				+					–	–
Erdbeeren	–				+					+	–			+	–			+				+			+	–	+			+		+
Fenchel					–		+			–		+																			–	
Feuerbohne			+	+	+	+	–	+	–		+	+	+	–	+	+	+	–				+		+	+	+			+	+	+	–
Grünkohl	–	+	–	–	+	–	+	–		+		+		–	–	–	–	+	+	+	+	+	+	–	+	–	–	+	+	+	+	–
Gurke			+	+	+	+			+	+	+			+	+						–	–		+	+				+		–	+
Kartoffel		–				–	–			+					–	+									–	–			–	+	–	
Knoblauch	–		–	–	–	–	–	+		–	–	+			–					+	+			–	+	–	–				+	
Kohl	–	+			+		+	–		+	–	+	–	–		–		+	+		+	+	+				–		+	+	+	–
Kohlrabi	–				+		+			+	–		+		–			+				+			+		–	+	+	+	+	–
Kürbis					+					+	–																					
Lauch			+	+	–	+	–	+		–	+				+	+				+	+			+	–	+		+	+		+	
Mangold	+		+	+	+	+					+				+					+		+		+		+				–		
Möhre	+					+	+				+			+				+	+			+				+	+				+	+
Paprika		–	+	+		+	–				+	–		+	+			+				+		+		+			+	+		
Radieschen	–		+	+	+	+	+	+		+	+	–			+	+			+	+	+			+		+	–			+	+	
Rhabarber					+						+				+											+				+		
Rosenkohl	–	+								+	–	+		–				+	+		+	+					–		+	+	+	–
Rote Bete	+	–			+			+		+	+	+	–	+		+		–	–													+
Rotkohl	–	+			+		+	+		+	–		–	–				+	+	+	+	+	+				–		+	+		–
Rucola	–		–	–	+	–		–			–			–	–	–				+		–		–		–			+	+		+
Schwarzwurzel											+					+		+														
Sellerie			+	+	+	+				+	+	+	–		+	+		+			+			+		+	+				+	
Spinat	+	+	+	+		+		+		+	+		+		+	+			–		+	+	+	+		+	+				+	
Tomate	+		+	+	+	+	–		–	+	+	–	–	+	+	+		+		+		+		+					+	+		
Zwiebel	+		–	–	–	–	–	+		–	–	+			–	–				+				–	+	–	+					

Baby, it's cold out there!

BALKONIDEEN FÜR DIE KALTE JAHRESZEIT

Auch wenn die Tage kürzer und die Sonnenstrahlen schwächer werden, muss auf deinem Balkon keine trübe Stimmung aufkommen. Gewächse für die kalte Jahreszeit vertreiben herbstliches Grau und Winter-Blues!

LEUCHTENDE HERBSTFARBEN

Die **Besenheide** *(Calluna vulgaris)* blüht von Juli bis November und ist in einem breiten Farbspektrum von Violett- und Rosatönen, bis zu Gelb und Silbrig-Weiß erhältlich. Das niedrige, robuste Gewächs macht sich gut in Balkonkästen – ebenso wie die **Glattblatt-Aster** *(Aster novi-belgii)*, die ihre Blüten erst zeigt, wenn die Temperaturen niedriger werden. **Chrysanthemen** *(Chrysanthemum)* machen vor allem in Kübeln eine gute Figur. Bis in den November hinein blüht die **Bartblume** *(Caryopteris)*. Der kleine Halbstrauch mit den dunkelblauen Blüten fühlt sich im Kübel wohl.

Chrysantheme

Pflegeleichte Dauerblüher sind **Dahlien** *(Dahlia)* – je nach Pflanzzeitpunkt reicht ihre Blüte bis zum ersten Frost. Kleine bis mittelgroße Sorten gedeihen gut im Kübel. Nicht fehlen darf das bis in den November hinein blühende **Herbst-Alpenveilchen** *(Cyclamen hederifolium)* mit seinen zarten rosafarbenen, weißen oder violetten Blüten. Zuletzt überzeugt die **Purpur-Fetthenne** *Sedum telephium subsp. Purpureum* mit ihren kräftig rosa-roten Blüten als prachtvoller Herbstklassiker im Kübel.

Dahlie

Alpenveilchen

#PROFITIPP

*Einige **Ziergräser** wie das Japanische Blutgras zeigen eine leuchtende Herbstfärbung und sind eine hübsche Ergänzung zu deinen Herbstblühern.*

FROSTSCHUTZ FÜR TOPF- UND KÜBELPFLANZEN

Die simpelste Abhilfe gegen Kälte und Wind ist es, die Pflanzen so nah es geht an die Hauswand zu schieben. Dort bekommen sie Schutz und Wärme. Ein wärmender Mantel aus Vlies, Kokosmatte oder Karton, der um den Topf gewickelt wird, hilft ebenfalls. Ebenso eine Vlieshaube über empfindlichen Blättern und Tannenzweige (Stichwort: Weihnachtsbaum-Upcycling!) oder Laub auf der Erdoberfläche. Wenn du genügend Platz und obendrein Kraft in den Armen hast, fühlen deine Kübelpflanzen sich in dieser Zeit auch im Keller oder einem kühlen, aber nicht zu dunklen Ort in deiner Wohnung wohl.

EIN WINTERTRAUM

Eine der schönsten winterblühenden Blumen ist die **Christrose** *(Heleborus niger)*, die deine Balkonkästen von September bis Februar mit ihren hübschen weißen Blüten bereichert. Die frostharte **Schneeheide** *(Erica carnea)* zeigt von Dezember bis April ihre glockenförmigen rosa- oder pinkfarbenen Blüten. Zu den attraktivsten Winterblühern gehört die **Zaubernuss** *(Hamamelis)*. Von Januar bis März kannst du dich an den gelben, orangefarbenen oder roten Blüten des Ziersrauchs erfreuen. Der **Winter-Jasmin** *(Jasminum nudiflorum)* bringt mit seinen kleinen gelben Blüten von Dezember bis April Farbe auf deinen Balkon. Und wenn der echte Schnee mal wieder auf sich warten lässt, hast du mit dem **Winter-Schneeball** *(Viburnum bodnantense „Dawn")* oder dem **Winter-Duftschneeball** *(Viburnum farreri)* zumindest florale Winteratmosphäre auf deinem Balkon.

Schneeheide

Schneeball

Es müssen aber nicht immer Blühpflanzen sein. Auch Gewächse mit Beeren, wie die **Rote Teppichbeere** *(Gaultheria procumbens)* oder die **Skimmie** *(Skimmia)* setzen hübsche Akzente auf dem Winterbalkon. Ein besonders interessanter Hingucker ist die **Wolfsmilch** *Euphorbia cultivar*, deren Blätter sich bei niedrigeren Temperaturen je nach Art rosa bis purpur färben.

Skimmie

WINTERGEMÜSE

Zu den letzten Gemüsen, die im Herbst noch ausgesät werden, gehören der Feldsalat (s. S. 36), Winter-Portulak und die Asia-Salate. Vor dem ersten Schneefall deckst du deine Salate mit einem Vlies ab. Unter dem Vlies ist es etwas wärmer als im Freien, deshalb abgedeckte Kulturen in warmen Phasen immer auf Trockenheit kontrollieren und eventuell gießen. Auch Grünkohl, Mangold, Pastinake, Porree, Rettich und Petersilie gehören zu den winterharten Gemüsen.

+ TOLLE TOPFIDEEN

+ MARITIMER MINITEICH

+ GEMÜTLICHES BALKONBETT

+ UND MEHR!

DIY PROJEKTE

KREATIVE IDEEN

von Kräuterpalette bis Blühbirne

Kreativ sein entspannt und mit individuellen Einrichtungs- und Dekostücken wird dein Balkonien noch schöner! Freu dich auf romantische Stofflampions, einen rosa Riesenflamingo, eine schnelle Wimpelkette, ... Alle Anleitungen sind Schritt für Schritt genau erklärt – so gelingen deine Kreativprojekte ganz easy!

PALETTEN-KRÄUTERREGAL

Eine „Kräuterpalette“ ist perfekt für kleine Balkone. Die Querleisten werden von unten mit Brettern zugenagelt und dienen so als Regale für deine Kräuter.

Los geht's!

DU BRAUCHST:

- eine Europalette (Baumarkt, Baustoffhandel)
- 3 Holzbretter in passender Länge und Breite zu deiner Palette (siehe Schritt 2)
- Pflanzenvlies
- Kräutererde
- Schleifpapier
- Nägel
- Hammer
- Holzlack/Lasur für außen + passender Pinsel
- ggf. Säge

Verwende für einen fröhlich-bunten Anstrich wetterbeständigen, ökologischen Lack. Soll die Holzstruktur erkennbar bleiben, nimm statt des Lacks eine Lasur. Tipp: Beschreibbare Tafellackfelder und am Rand der Etagen eingeschraubte Haken für deine Gartengeräte machen den Minigarten perfekt!

WELCHE PFLANZEN EIGNEN SICH?

Durch eine bunte Mischkultur ziehst du fleißige Insekten an, die dir bei der Pflege helfen. Trockenheitsliebende Kräuter (z. B. Rosmarin, Thymian, Lavendel) pflanzt du ganz oben, Kräuter, die weniger Licht benötigen (z. B. Petersilie, Dill), in die unteren Reihen. Nicht zu viel gießen, denn Kräuter vertragen keine Staunässe. Ist die Zeit der einjährigen Kräuter im Herbst zuende, kannst du stattdessen winterharten Feldsalat einsäen und schon 4–6 Wochen später erntest du frischen Salat!

1

Mach die Palette gründlich sauber und schleif sie dann mit Schleifpapier etwas an.

2

Säge die Bretter für die Unterböden zu oder lass sie im Baumarkt zuschneiden. Achtung: Damit sie kippsicher ist, muss die Palette vor dem Befüllen an einer Wand befestigt werden! Ist dies nicht möglich, muss das Brett unter der untersten Etage mindestens doppelt so tief sein wie die Palette. Es wird als Standfuß bündig mit der Hinterseite angenagelt und steht nach vorne über (bei Platzierung an einer Wand) oder wird so angenagelt, dass es nach vorne und hinten mindestens doppelt tief übersteht (bei freier Aufstellung).

3

Stelle die Palette hochkant hin und nagle die Bodenbretter an.

4

Palette anstreichen und trocknen lassen, dann zum Auskleiden der Regalfächer das Pflanzvlies grob zuschneiden und festtackern. Überstehendes Vlies einfach abschneiden.

5

Befülle die Fächer mit Erde und pflanze deine Kräuter ein. Jetzt nur noch angießen und dein Palettenregal an einem sonnigen, geschützten Standort aufstellen.

HÜBSCH EINGETOPFT

Mit besonderen Pflanzgefäßen setzt du tolle Akzente auf deinem Balkon! Ob bemalt, ummantelt oder upgecycelt – hier haben wir vier kreative Ideen für dich!

SPRECHENDE BLUMENTÖPFE

DU BRAUCHST:

- Tontöpfe (alte oder neue)
- schwarze Tafelfarbe
- Pinsel
- Zeitungspapier zum Unterlegen
- bunte Kreide

1. *Die Tontöpfe gut säubern. Sie müssen staubfrei und trocken sein.*

2. *Bestreiche die Töpfe von außen gleichmäßig mit Tafelfarbe und lass alles gut trocknen. Ist die Deckung nicht ausreichend, mach ggf. einen zweiten Anstrich. Beachte die Herstellerhinweise auf der Farbdose.*

3. *Mit Kreide nach Wunsch beschriften oder bemalen. Fertig!*

SCHÖN UMMANTELT

Für dekorative Anzuchttöpfchen einfach Einwegtrinkbecher aus Papier mit etwas Packpapier umwickeln und mit Flachskordel eine Schleife darum binden. Auch toll zum Verschenken selbst gezüchteter Pflanzen!

AB IN DIE SCHUBLADE

DU BRAUCHST:

- zwei oder drei alte Schubladen aus Holz (vom Dachboden, Sperrmüll, ...)
- Folie zum Auskleiden (z. B. Müllsack)
- Tacker
- ggf. Holzlack, transparent oder in Wunschfarbe, für den Außenbereich
- ggf. Schleifpapier und Lackpinsel

1. *Lackiere die Schubladen auf Wunsch in beliebiger Farbe oder mit Klarlack, dafür zuvor mit Schleifpapier ggf. anschleifen. Das Lackieren ist vor allem dann wichtig, wenn deine Pflanzschubladen regelmäßig Nässe (z. B. Regen) ausgesetzt sind. Trocknen lassen.*

2. *Die Folie passend zuschneiden und die Schubladen damit auskleiden. Folie innen am Rand der Schublade festtackern.*

3. *Die Schubladen mit Drainage und Erde füllen und aufeinanderstapeln, wie auf dem Foto zu sehen. Mit Pflanzen nach Wunsch bepflanzen, z. B. Blumen, Kräuter oder Salat.*

DIY-BLUMENTÖPFE IM WACHSTUCHKLEID

1. *Für eine bunte Vielfalt kleiner Blumentöpfe einfach saubere Saft- oder Milchkartons in gewünschter Höhe abschneiden, Höhe und Umfang ausmessen und aus Wachstuch einen entsprechend langen und breiten Streifen als Ummantelung + ca. 2 cm an einer langen Seite ausschneiden.*

2. *Beklebe dann den Blumentopf außen ringsum (ohne den Topfboden!) mit doppelseitigem Klebeband und klebe den Wachstuchstreifen darauf. Die überstehenden Ränder oben und unten mit einem Cutter abschneiden. Bohre mit einem spitzen Gegenstand vorsichtig einige Abzuglöcher in den Topfboden. Fertig! Auf Wunsch die Töpfe noch mit Heißkleber mit Bändern, Kordeln oder Schildern verzieren.*

MARITIMER MINITEICH

Kombiniere diesen zauberhaften Miniteich mit Holzmöbeln, gestreiften Textilien in Blau-Weiß und dem einen oder anderen dekorativen Anker, schon kannst du dich auf deinem Balkon ein bisschen wie an der Küste fühlen.

Los geht's!

DU BRAUCHST:

Für die Wanne

- Metallwanne
- Metalllack in Weiß zum Grundieren
- Schablonierfarbe in Blau und Sandfarben (für den Outdoorbereich geeignet)
- Schablonierpinsel
- Buchstabenschablone
- Schablone mit maritimen Motiven, z. B. Seepferdchen, Seestern, Anker, ...
- Klebefilm

Für die Teichfüllung

- 2 bis 3 Ziegelsteine
- Kieselsteine
- Pflanzkörbe
- verschiedene Wasserpflanzen (hier: Wasserhyazinthe, Wassersalat, Seerose Princess Elisabeth (Helen Fowler), Kleines Hechtkraut (Pontederia cordata), Zebrasimse (Scirpus tab zebrinus)

1

Die Metallwanne mit dem Grundierlack innen und außen weiß grundieren. Herstellerangaben beachten. Gut trocknen lassen.

2

Befestige zunächst die Buchstabenschablone mit Klebefilm auf der Wanne und tupfe mithilfe des Schablonierpinsels das Wort MARE Buchstabe für Buchstabe auf. Trage die Farbe möglichst dünn auf, damit sie nicht hinter die Schablone läuft, und reinige sicherheitshalber vor jedem neuen Buchstaben die Rückseite der Schablone. Trocknen lassen.

3

Die maritimen Motive auf die gleiche Weise aufschablonieren. Entferne die Schablonen und lass alles wieder gut trocknen.

#PROFITIPP

Du kannst die Buchstaben für das Wort MARE und die gewünschten Motive auch aus der Schablone ausschneiden, jeweils wie gewünscht arrangiert fixieren und dann aufschablonieren.

4

Nach dem Trocknen die Wanne mit Ziegeln für verschiedene Höhen auslegen. Zebrasimse, Seerose und kleines Hechtkraut in Pflanzkörbe setzen und in der Wanne platzieren, die Seerose steht auf der tiefsten Ebene.

5

Bedecke alle Ebenen mit weißen Kieselsteinen und fülle damit die Lücken.

6

Zum Schluss die Wanne mit Wasser füllen und die Schwimmpflanzen (Wasserhyazinthen und Wassersalat) einsetzen.

7

In den Teich später immer mal wieder Wasser nachgießen. Besonders an heißen Tagen verdunstet es schnell.

BALKONBETT AUS WEINKISTEN

Gemütlichkeit unter freiem Himmel – mit diesem easy selbst gebauten Balkonbett kannst du umgeben von deinen grünen Freunden ganz entspannt die Sonne genießen.

Los geht´s!

DU BRAUCHST:

- 12 Weinkisten aus Holz
- Kabelbinder
- Matratze, 90 x 200 cm
- gemütliche Kissen und Decken

1. *Miss zunächst die Ecke des Balkons aus, in welcher das Bett stehen soll. So wird ermittelt, wie viele Weinkisten benötigt werden. Für eine Matratze mit 90 x 200 cm sind 12 Kisten nötig. Bei größeren Matratzen werden entsprechend mehr Kisten benötigt.*

2. *Die Weinkisten in Zweierreihen aufstellen, durch Kabelbinder miteinander verbinden und stabilisieren. Anschließend die bezogene Matratze auflegen.*

3. *Nun kannst du dein Bett mit Kissen und Decken dekorieren und die Balkonpflanzen schön drum herum drapieren. Und schon kann gechillt werden!*

#PROFITIPP

Am stabilsten wird das Bett, wenn es in einer Ecke gebaut wird und sich anlehnen kann. Weniger Platz? Verwende eine Kinderbettmatratze (60 x 120 cm) für ein Balkonsofa.

GEMÜTLICHE HÄNGUNG

Mit diesen beiden Upcyclingideen vermeidest du Müll und bringst zusätzliche Blütenpracht und Lichterzauber auf deinen Balkon. Wunderschön zum Beispiel ans Balkongeländer gehängt – besonders auch in Herbst und Winter.

BLÜHBIRNEN

1. *Mit dieser DIY-Idee werden kaputte Glühbirnen nicht einfach entsorgt, sondern schnurstracks zur Vase umfunktioniert. Dazu zuerst die Metallverplombung vorsichtig mit einer Zange lösen und den schwarzen Sockelkontakt mit Spitzzange oder Schraubenzieher „herauspulen".*

2. *Befreie dann die Birne von ihrem Innenleben und knote eine Kordel zum Aufhängen am Gewinde fest.*

3. *Fehlen nur noch Wasser und Blümchen oder Zweige mit Blüten oder Beeren.*

LICHT IM EINMACHGLAS

1. *Suche dir einige alte Schraubgläser – z. B. Marmeladengläser – in ähnlichen Größen zusammen und mach sie gut sauber.*

2. *Winde etwas Basteldraht einige Male um die Glasöffnung. Aus einem weiteren Stück Draht einen Bügel biegen, die Drahtenden mithilfe einer Zange zu Ösen biegen und in den um die Öffnung gewundenen Draht einhängen. Ösen zubiegen.*

3. *Dekosand in die Gläser füllen und Kerzen oder Teelichter hineinstellen. Mit einem weiteren Stück Draht oder einem Stück Kordel am Balkongeländer aufhängen. Achte auf ausreichenden Abstand zwischen Kerzenflamme und Kordel/Balkongeländer, damit nichts anbrennt oder es Rußflecken gibt!*

EASY PEASY WIMPELKETTE

Die Wimpelkette ist ein echter Dekoklassiker und einfach zeitlos schön. Häng sie an die Rückwand deines Balkons oder ans Geländer oder von einem Rankgitter zum nächsten oder oder oder. Als schnelle Partydeko kannst du sie einfach aus Geschenkpapier basteln. Für eine wetterfeste Variante nimm Tyvek oder Wachstuch.

Los geht's!

DU BRAUCHST:

- doppelseitig bedrucktes Papier (Geschenkpapier, Bastelpapier, Zeitung, ...), bunten Stoff, Wachstuch oder Tyvek
- Locher
- Bastband in der gewünschten Girlandenlänge + je 1 m rechts und links zum Aufhängen
- Lineal
- Karton, DIN A4 (für Schablone)
- Klebestift nach Bedarf

1. *Mithilfe eines Lineals ein gleichschenkliges Dreieck auf den Karton vorzeichnen (kurze Seite ca. 20 cm, beide langen Seiten ca. 25 cm).*

2. *Die Vorlage auf Papier oder Stoff legen und mit einem Stift umranden. Schneide etwa 15 Dreiecke aus.*

3. *Mit einem Locher rechts und links an der kurzen Seite jeweils ein Loch ausstanzen. Das Bastband hindurchfädeln, dabei an beiden Enden des Bandes etwa 1 Meter frei lassen. Falls das Garn nicht breit genug ist und die Wimpel rutschen, fixiere sie zusätzlich einfach mit etwas Klebestift.*

4. *An beiden Enden eine Schlaufe knoten und an geeigneter Stelle aufhängen.*

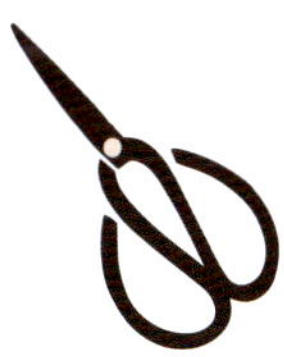

FLAMINGOSTECKER AUS HOLZ

Dieser originalgroße (150 cm hoch!) Flamingo verleiht deinem Balkon echtes Südseeflair und ist doch viel schöner als seine typischen Plastikkameraden, oder? Dieses Projekt ist ein bisschen aufwendiger, aber auch für Laubsägeeinsteigerinnen gut zu schaffen. Trau dich! Eine Laubsäge bekommst du für ein paar Euro im Baumarkt.

Los geht's!

DU BRAUCHST:

* Sperrholzplatte, z. B. Pappel, 8 mm stark, 55 x 45 cm
* Flachleiste aus weichem Holz (z. B. Kiefer, Fichte), rechteckiges Profil, 10 x 30 mm, 100 cm lang
* Acrylfarbe in Pink, Rot, Schwarz und Weiß
* Klarlack, witterungsbeständig

Außerdem

* Laubsäge
* Sägeblätter Nr. 5–7
* Schleifpapier (60er–120er-Körnung)
* Bohrmaschine mit Holzbohrer ø 1–3 mm
* Pinsel
* optional schwarze Kabelbinder (siehe Tipp)

1. *Die Vorlage ausdrucken. Du findest sie unter nebenstehendem QR-Code und diesem Link: http://more4u.online/WaT. Du brauchst zum Anzeigen der Vorlage den Adobe Reader, den du kostenlos von der Adobe-Seite im Internet herunterladen kannst, falls du ihn nicht hast. Weitere Hinweise zum Ausdrucken und Zusammensetzen findest du auf der Vorlage.*

2. *Platziere die ausgeschnittene Vorlage als Schablone auf der Sperrholzplatte. Mit Bleistift die Kontur umfahren. Übertrage auf Wunsch außerdem die Konturen des Flamingo-Gesichts und der Flügel. Hierfür die entsprechenden Linien mit einem leeren Kugelschreiber unter mäßigem Druck nachfahren und sie so leicht in die Oberfläche des Holzes eindrücken. Vorlage entfernen.*

3. *Auf einem Arbeitstisch das Motiv mit der Laubsäge und einem groben Sägeblatt, z. B. Nr. 5–7, aussägen. Für manche Stellen wird der Bügel der Laubsäge zu kurz sein. Nähere dich an diesen Stellen mit weiteren Schnitten der endgültigen Kontur an.*

4. *Bohre für die Aussparung zwischen Hals und Rumpf des Flamingos mit dem Holzbohrer an einer beliebigen Stelle innerhalb der Aussparung ein Loch und fädele dort das Laubsägeblatt ein. Die Aussparung komplett aussägen. Ebenso den Schlitz (1 x 3 cm) an der Unterseite des Rumpfs.*

5. *Säge mittig in ein Ende der Flachleiste einen Schlitz mit 8 mm Breite und 30 mm Länge. Durch die Schlitze lassen sich die Beine und der Flamingokörper ganz einfach zusammenstecken. Vor dem Bemalen unbedingt testen! Durch die Bemalung wird alles ggf. etwas enger – entsprechend nachschleifen.*

6. *Nun mit Schleifpapier bei allen Holzteilen eventuelle Splitter entfernen und die Kanten und etwaige Oberflächenunebenheiten glätten. Bemale dann den Flamingokörper auf Vorder- und Rückseite mit Acrylfarbe, wie auf der Vorlage und dem Foto zu sehen. Für die Flügel mischst du dem Rosa etwas Rot bei. Für die Kanten jeweils die angrenzende Farbe verwenden. Die Flachleiste komplett in Schwarz bemalen. Lass beide Teile gut trocknen, am besten über Nacht.*

7. *Körper und Bein gründlich mit dem Klarlack lackieren, um das Sperrholz für den Außeneinsatz zu versiegeln. Trocknen lassen, dann Körper und Bein zusammenstecken – fertig ist dein Flamingo!*

#PROFITIPPS

Du kannst deinen Flamingo in einen ausreichend tiefen und schweren Kübel stecken oder am Balkongeländer festbinden, z. B. mit schwarzen Kabelbindern.

Weniger Platz? Druck die Vorlage entsprechend kleiner aus, z. B. mit 50 oder 75 %. Das Sägen wird dann allerdings ggf. ein bisschen frickeliger.

ROMANTISCHE STOFFLAMPIONS

Diese Lampions schaffen eine zauberhafte Atmosphäre auf deinem Balkon. Du kannst sie in beliebigen Größen herstellen, einzeln aufhängen oder eine Girlande daraus machen. Eine wunderschöne Deko für jeden Tag oder für deine Balkonsommerparty.

Los geht's!

DU BRAUCHST:

- Gartendraht, verzinkt, ø 1,8 mm
- Flachzange
- zylindrisches Gefäß z. B. Flasche, Dose, Blumentopf (zum Formen)
- Stoffrest in Weiß (z. B. alte Gardine)
- ggf. Wäscheklammern zum Fixieren beim Nähen
- Nadel/Faden (oder Heißkleber)

#PROFITIPP

Der Lampion kann ohne Licht als Windspiel genutzt werden, oder als Laterne, dann wird am Henkel eine für den Outdoorbereich geeignete(!) Glühbirnenfassung mit Kabel oder eine Outdoor-Solarleuchte sorgfältig befestigt.

1

Wickle den Draht fest 4–5 Mal um das zylindrische Gefäß und ziehe ihn wieder ab, sodass eine Drahtspirale entsteht. Diese dient als inneres Gerüst des Lampions.

2

Das untere Drahtende mit der Flachzange umbiegen, sodass keine scharfe Kante absteht. Das andere, obere Ende des Drahtes um die erste Bahn der Spirale wickeln, sodass die Spirale geschlossen und fixiert ist und auch hier keine scharfe Kante absteht.

3

Schneide ein weiteres Stück Draht ab und fixiere dieses oben um die erste Drahtbahn als Henkel, indem du beide Enden ein paar Mal mithilfe der Flachzange um die jeweils gegenüberliegende Seite der Drahtspirale wickelst.

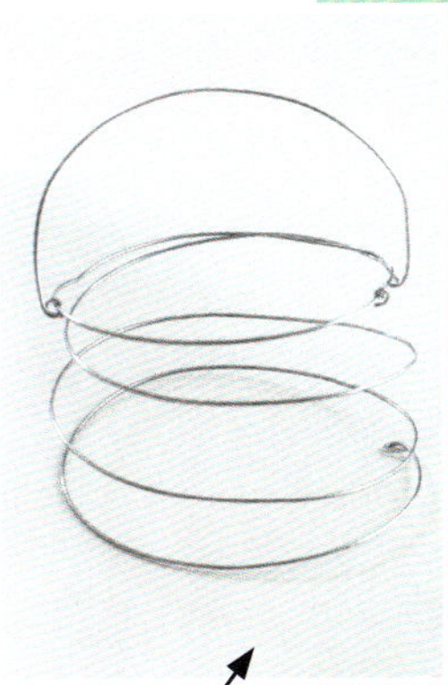

4

Ein Stück Stoff so bemessen und abschneiden, dass es um die Drahtspirale herumpasst. Der Stoff sollte so lang bemessen sein, dass er weit genug herunterhängt, um hinterher unterhalb der Spirale abgeschnitten (oder abgerissen) zu werden (siehe Schritt 6).

5

Das Stück Stoff ggf. mit Wäscheklammern um den Draht klammern und dann mit ein paar Stichen großzügig festnähen, die Klammern dann entfernen. Die offene Längsseite ebenfalls mit wenigen Stichen zunähen.

6

Unteres Stoffende ca. 10 cm unterhalb der Spirale abschneiden oder vorsichtig abreißen (dazu zunächst ein kleines Stück einschneiden). Alternativ in den überstehenden Stoff einen Knoten machen. Fertig!

+ SCHNELLE SNACKS

+ KNACKIGE SALATE

+ SÜSSE NASCHEREIEN

+ ERFRISCHENDE GETRÄNKE

LECKERE REZEPTE

KOCHEN & BACKEN

mit erntefrischen Balkonzutaten

Was darf in einem tollen Urlaub nicht fehlen? Ganz klar: leckeres Essen! Du musst zwar in deinem Balkonien selbst den Kochlöffel schwingen und servieren, aber erstens machen Kochen, Backen und Mixen ja auch Spaß, zweitens weißt du dann genau, was drinsteckt: nämlich deine eigene Ernte! Jedes Rezept enthält mindestens eine Zutat, die du selbst auf deinem Balkon anbauen kannst. Wohin also mit Zucchini, Kirschtomate, Erdbeere und Veilchen? Ab auf den Teller!

ERNTEFRISCH AUFS BROT

HÄHNCHEN-SANDWICH

mit Radieschen und Blattspinat

Zutaten

FÜR 2 PORTIONEN

240 g Hähnchenbrust
½ Tl Rapsöl
80 g Quark
1 El Zitronensaft
1 Beet Gartenkresse
Salz
Pfeffer
4 Radieschen
20 g frischer Blattspinat
4 Scheiben Dinkeltoastbrot

Zubereitungszeit: 20 Minuten

1. Die Hähnchenbrust waschen und trocken tupfen. Das Öl in einer Pfanne erhitzen und das Fleisch darin von beiden Seiten kross anbraten, dann bei kleiner Hitze gar ziehen lassen, bis es durchgebraten ist.

2. In der Zwischenzeit den Quark mit dem Zitronensaft verrühren. ½ Beet Kresse abschneiden und die Kresseblättchen unterheben. Mit Salz und Pfeffer abschmecken.

3. Die Radieschen waschen, putzen und in Scheiben schneiden. Den Spinat waschen, trocknen und verlesen. Die Hähnchenbrust in Scheiben schneiden.

4. Das Toastbrot anrösten. 2 Scheiben mit dem Zitronenquark bestreichen und mit Spinat, Radieschen und Hähnchenbrust belegen. Mit der restlichen Kresse bestreuen. Die oberen Toastscheiben auflegen und alles mit einem Holzspieß fixieren.

#RADIESCHEN

Radieschen sind lecker würzig und ein super Einsteigergemüse. Nach 4 Wochen kann bereits die Ernte starten. In das Loch, das die geerntete Knolle im Kasten hinterlässt, kommt dann einfach der nächste Radieschensamen. Erde drauf, gießen, und ein paar Wochen später …

FÜR HEISSE SOMMERBALKONTAGE

KALTE GURKENSUPPE

mit Kräutern

Zutaten

FÜR 2 PORTIONEN

1 ⅓ große Salatgurken
½ Schalotte, 1 Knoblauchzehe
3 Zweige Estragon
1 Zweig glatte Petersilie
220 g griechischer Joghurt
1 El Zitronensaft, 8 El Olivenöl
Salz, Pfeffer
1 Prise Chilipulver
¼ rote Zwiebel

AUSSERDEM
2 Schraubgläser à 350 ml

Zubereitungszeit: 15 Minuten

1. Die Gurken waschen und trocknen. Die ganze Salatgurke putzen und in grobe Stücke zerteilen. Das Gurkendrittel längs halbieren, die Kerne entfernen und das Fruchtfleisch fein würfeln. Beiseitestellen.

2. Schalotte und Knoblauch schälen und fein hacken. Die Kräuter waschen und die Blättchen abzupfen. Kräuter mit den größeren Gurkenstücken, der Schalotte und Knoblauch, Joghurt, Zitronensaft und 6 Esslöffeln Olivenöl fein pürieren. Mit Salz, Pfeffer und Chilipulver abschmecken. Auf 2 Schraubgläser verteilen.

3. Die rote Zwiebel schälen und fein hacken. Mit den Gurkenwürfeln in die Suppe geben und mit je 1 Esslöffel Olivenöl beträufeln. Kalt genießen.

#GURKE

Gurken mit ihrem hohen Wassergehalt sind im Sommer ein echter Frischekick. Auf dem Balkon gedeihen sie mit viel Sonne, Wasser und Liebe prächtig in einem ausreichend großen Gefäß. Sie sind dabei wahre Weltmeister im Wachsen – einmal geblinzelt, und schon ist der kleine Keimling eine riesige Kletterpflanze.

DIP, DIP, HURRA!

ZWEIERLEI DIPS

für dein Balkongemüse

Zutaten

FÜR 4 PORTIONEN

FÜR DEN BLUMENKOHL-DIP

1 kleiner Blumenkohl (ca. 500 g)
1 Knoblauchzehe
3 El Olivenöl
2 El Tahin (Sesampaste)
1 El Zitronensaft
1 Tl Honig
Salz
Pfeffer
¼ Granatapfel
2 El frisch gehackte Petersilie

FÜR DIE GEMÜSESTICKS

1 rote Paprikaschote
1 Salatgurke
1 Kohlrabi

FÜR DEN ERDNUSS-DIP

120 g Erdnussmus
Saft von 1 Limette
abgeriebene Schale von ½ unbehandelten Limette
1 El Agavendicksaft
¼ Tl getrocknete Chiliflocken

Zubereitungszeit: 25 Minuten
Plus Garzeit: 15 Minuten

1. Für den Blumenkohl-Dip den Blumenkohl putzen, die Röschen vom Strunk abschneiden, waschen und in wenig kochendem Salzwasser etwa 15 Minuten weich dünsten. Dann in ein Sieb abgießen und abkühlen lassen.

2. In der Zwischenzeit für die Gemüsesticks die Paprika halbieren, putzen, innen und außen waschen und längs in Streifen schneiden. Die Gurke waschen, putzen und in Stifte schneiden. Kohlrabi waschen, schälen und ebenfalls in Stifte schneiden.

3. Für den Blumenkohl-Dip die gegarten Blumenkohlröschen in einen Mixer geben. Die Knoblauchzehe schälen und dazupressen. 2 Esslöffel Olivenöl, Tahin, Zitronensaft, Honig, etwas Salz und Pfeffer hinzugeben und alles fein pürieren. Anschließend in eine kleine Schüssel umfüllen.

4. Die Granatapfelkerne herauslösen, den Blumenkohl-Dip damit und mit der gehackten Petersilie bestreuen. Zum Schluss mit dem restlichen Olivenöl beträufeln.

5. Für den Erdnuss-Dip alle Zutaten außer den Chiliflocken mit 60 ml Wasser in einen Mixer geben und alles sämig pürieren. Den Dip in eine Schale füllen und mit den Chiliflocken bestreuen. Die Gemüsesticks mit den beiden Dips servieren.

#KOHLRABI

Kohlrabi ist eine echte Superknolle, die voller Calcium, Magnesium und Vitamin C steckt. Schon gewusst? Auch die jungen Blätter kann man essen, sie werden wie andere Blattgemüse zubereitet und enthalten sogar doppelt so viel Vitamin C wie die Knolle. Die Superpflanze braucht zwar etwas Platz, ist aber ansonsten denkbar unkompliziert.

FÜR DIE BALKONFIGUR

LOW-CARB-ZUCCHINI-PIZZETTI mit Basilikum

Zutaten

FÜR 4 PORTIONEN

1 Zucchini
1 Kugel Mozzarella
3 Zweige frisches Basilikum
75 ml Spaghettisauce (FP)

Zubereitungszeit: 25 Minuten
Plus Backzeit: 15 Minuten

1. Den Backofen auf 180 °C vorheizen und ein Backblech mit Backpapier auslegen. Die Zucchini waschen, putzen und in ½ Zentimeter dicke Scheiben schneiden. Die Zucchinischeiben auf dem Backblech verteilen.

2. Den Mozzarella abtropfen lassen, vierteln und in so viele Scheiben schneiden, wie Zucchinischeiben vorhanden sind. Das Basilikum waschen, trocken schütteln und die Blättchen abzupfen.

3. Die Zucchinischeiben jeweils mit etwas Spaghettisauce bestreichen und die Basilikumblättchen gleichmäßig darüber verteilen. Mozzarellascheiben auf die Zucchinischeiben legen und im Backofen ca. 15 Minuten backen, bis der Käse geschmolzen und schön gebräunt ist. Mit Basilikum bestreut servieren.

#ZUCCHINI

Zucchini kommen ursprünglich aus warmen Ländern und baden daher gerne mit dir auf dem Balkon in der Sonne. Sie sind nicht nur ein Gaumen-, sondern auch ein Augenschmaus. Wenn du nicht auf die große Zucchinifrucht warten willst: Die wunderschönen, leuchtend gelben Blüten kann man auch essen, meistens lecker gefüllt und im Ofen gegart.

KNACKFRISCHES SNACK-DUO

MINI-PAPRIKA

mit Kräutercreme

Zutaten

FÜR 15 STÜCK

15 Mini-Paprikaschoten
3 Stängel glatte Petersilie
2 Stängel Dill
2 Schnittlauchhalme
250 g Speisequark (20 % Fett)
½ Limette (Saft)
Pfeffer
Salz

Zubereitungszeit: 20 Minuten

1. Paprikaschoten halbieren, putzen, innen und außen waschen und trocken tupfen. Petersilie, Dill und Schnittlauch waschen und trocken schütteln. Die Blättchen hacken, die Halme in feine Röllchen schneiden.

2. Die Kräuter in eine Schüssel füllen, mit Quark und Limettensaft verrühren und mit Salz und Pfeffer abschmecken. Paprikahälften mit der Kräutercreme befüllen und servieren.

#PAPRIKA

Paprikas sind wahre Sonnenanbeter und lieben es wohlig warm. Es gibt spezielle, kleine Sorten, die hervorragend für den Anbau in Topf und Kübel geeignet sind. Die kleinen Vitamin-A-Bomben sind zudem sehr gesund – je reifer und röter, desto besser.

KRÄUTERKICK

QUARKSPEISE

mit Aprikosen und Basilikum

Zutaten

FÜR 4 PORTIONEN

1 Bund Basilikum
1 El Pinienkerne
2 El frisch gepresster Zitronensaft
3 El Olivenöl
200 g Quark
100 g Schmand
Salz
frisch gemahlener Pfeffer
4 frische Aprikosen
4 getrocknete Soft-Aprikosen

Zubereitungszeit: 25 Minuten

1. Die Basilikumblätter von den Zweigen zupfen. Die Pinienkerne in einer Pfanne ohne Fett goldbraun anrösten. Basilikumblätter, Pinienkerne, Zitronensaft und Olivenöl in ein hohes Gefäß geben und mit dem Pürierstab zu einer feinen Creme verarbeiten.

2. Die Basilikumcreme mit Quark und Schmand verrühren. Mit Salz und Pfeffer würzen.

3. Die frischen Aprikosen halbieren, entsteinen und die Aprikosenhälften fein würfeln. Die getrockneten Soft-Aprikosen ebenfalls in kleine Würfel schneiden. Die Aprikosenwürfel unter den Basilikumquark mengen.

#BASILIKUM

Nicht nur kulinarisch, sondern auch als Heilkraut hat Basilikum einiges drauf, z. B. hemmt es Entzündungen und ist antibakteriell. Raus ins Freie möchte Basilikum am liebsten erst, wenn nachts mindestens 16 Grad sind. Zupfe am besten zum Kochen keine einzelnen Blätter ab, sondern schneide immer halbe Stiele. So wächst die Pflanze besser nach.

ROT, RUND, GESUND

ROTE-BETE-SALAT

Zutaten

FÜR 4 PORTIONEN

3 Knollen Rote Bete
2 Äpfel
3 Stängel Petersilie
2 El Öl
1 El flüssiger Honig
1 El Zitronensaft
Salz
Pfeffer
100 g Feta oder Ziegenkäse
20 g Walnusskerne

Zubereitungszeit: 10 Minuten

1. Rote Bete schälen und auf der Küchenreibe raspeln. Alternativ in Stücke teilen und in der Küchenmaschine bis zum gewünschten Grad zerkleinern.

2. Die Äpfel waschen, vierteln und vom Kerngehäuse befreien. Ebenfalls raspeln oder in der Küchenmaschine zerkleinern.

3. Petersilie waschen, trocken schütteln und die Blättchen hacken. Alles in eine Schüssel geben.

4. Öl mit Honig, Zitronensaft, etwas Salz und Pfeffer verrühren. Zum Salat geben und gut unterrühren. Den Feta zerbröckeln, die Walnusskerne grob hacken. Den Salat mit Feta und Walnüssen bestreut servieren.

#ROTE BETE

Rote Bete gedeiht in Balkonkasten oder Topf prima als Mini-Knolle. Auch die Blätter kannst du nutzen – als köstlichen Baby-Leaf-Salat. Im Frühjahr oder Herbst aussäen und jeweils ca. zwei Monate später ernten und genießen, denn Hitze und Frost mögen Beten nicht.

PFLÜCK, PFLÜCK, SALATGLÜCK

SOMMERSALAT

mit essbaren Blüten und Erdbeerdressing

Zutaten

FÜR 2 PORTIONEN

125 g Erdbeeren

1 ½ El Honig

1 ½ El frisch gepresster Zitronensaft

2 El Olivenöl

½ Bund Basilikum

125 g gereifter Ziegenkäse (Rolle)

150 g Pflücksalat

1–2 Handvoll essbare Blüten nach Belieben (z. B. Hornveilchen, Borretschblüten, Löwenzahn und/oder Gänseblümchen)

rosa Pfefferbeeren

Salz

Pfeffer

Zubereitungszeit: 25 Minuten

1. Den Ofen auf 180 °C vorheizen. Die Erdbeeren putzen. 200 g davon mit 1 Esslöffel Honig in ein hohes Gefäß geben und mit dem Stabmixer pürieren. Den Zitronensaft und das Olivenöl zugeben, nochmals kräftig durchmixen und mit Salz und Pfeffer abschmecken.

2. Die restlichen Erdbeeren vierteln oder in Scheiben schneiden. Die Basilikumblätter von den Stängeln zupfen. Den Ziegenkäse in acht gleich große Scheiben schneiden und auf ein mit Backpapier ausgelegtes Backblech legen. Mit dem restlichen Honig marinieren und für etwa 5 Minuten in den vorgeheizten Ofen geben.

3. In der Zwischenzeit den Pflücksalat mit dem Erdbeerdressing marinieren und auf Tellern anrichten. Mit den Basilikumblättern bestreuen und mit den Erdbeeren garnieren. Den Ziegenkäse aus dem Ofen nehmen und auf die Salate setzen. Mit ein paar rosa Pfefferbeeren bestreut servieren.

#ESSBARE BLUMEN

Taglilie, Ringelblume, Veilchen – dass viele Blumen nicht nur wunderschöne, sondern auch essbare Blüten haben, wissen die wenigsten. Sie liefern einen optischen Kick im Salat, schmecken frisch, herb, nussig, süßlich oder auch scharf, lassen sich gefüllt, gebacken, kandiert, als Tee oder Sirup verarbeiten. Tipp: Im Handel gibt es extra Saatenmischungen für Blumen mit essbaren Blüten.

SALBEI ♡ PASTA

GNOCCHI

mit Salbei-Limetten-Butter

Zutaten

FÜR 4 PORTIONEN

FÜR DIE GNOCCHI

400 g mehligkochende Kartoffeln

400 g Süßkartoffeln

Salz

200 g Mehl

50 g Weichweizengrieß

1 Ei (Größe S)

Muskat

Pfeffer

FÜR DIE SALBEI-LIMETTEN-BUTTER

1 kleine Handvoll Salbeiblätter

½ milde rote Chilischote

50 g Butter

½ unbehandelte Limette (Zesten)

AUSSERDEM

Mehl für die Arbeitsfläche

Zubereitungszeit: 40 Minuten
Plus Garzeit: 20 Minuten

1. Beide Kartoffelsorten schälen, putzen und in grobe Stücke schneiden. Mit so viel leicht gesalzenem Wasser in einen Topf geben, dass sie knapp bedeckt sind und etwa 20 Minuten gar kochen. In ein Sieb abgießen und etwa 5 Minuten ausdampfen lassen. Dann noch heiß durch die Kartoffelpresse drücken oder fein stampfen (keinesfalls pürieren, sonst schmecken die Kartoffeln seifig).

2. Mehl, Grieß und das Ei hinzugeben, alles vermengen und den Teig mit Muskat, Salz und Pfeffer abschmecken. Auf einer bemehlten Arbeitsfläche portionsweise zu etwa 2 cm dicken Rollen formen und diese im Abstand von 2 cm in Stücke schneiden. Jedes Stück mit bemehlten Händen zur Kugel formen. Nach Belieben mit den Zinken einer Gabel eindrücken, sodass ein Rillenmuster entsteht. Ein Küchenbrett mit Mehl bestäuben und die rohen Gnocchi mit etwas Abstand darauf verteilen. Auf diese Weise den kompletten Teig formen.

3. In einem großen Topf reichlich leicht gesalzenes Wasser aufkochen und die Gnocchi darin portionsweise etwa 3 Minuten siedend garen. Sobald sie an die Oberfläche steigen, können sie mit einer Schaumkelle herausgehoben werden. Auf einem Kuchengitter abtropfen lassen.

4. Für die Salbei-Limetten-Butter den Salbei waschen, trocken schütteln und die Blättchen in Streifen schneiden. Chili halbieren, putzen, waschen und fein hacken.

5. Die Butter in einer Pfanne erhitzen. Salbei, Chili und Limettenzesten dazugeben. Nach 1 Minute die Gnocchi dazugeben und 1–2 Minuten in der heißen Butter schwenken, dabei gegebenenfalls nochmals mit Salz abschmecken.

#SALBEI

Salbei ist der ideale Begleiter für gute Pasta, eine tolle Teepflanze (tut dem Hals gut) – und blüht in wunderschönen Lilatönen. Ursprünglich stammt er vom Mittelmeer, mag es also sonnig und warm. Eine rundum sympathische Küchen- und Balkonpflanze mit niedrigen Ansprüchen.

GRÜNER SUPPENDAUMEN

SPINAT-BROKKOLI-SUPPE

mit Hack-Apple-Crumble

Zutaten

FÜR 4 PORTIONEN

1 Brokkoli
80 g frischer Babyspinat
1 Zwiebel
2 El Olivenöl
750 ml Gemüsebrühe
350 g Hackfleisch vom Rind
Salz
Pfeffer
1 Apfel
50 g Walnüsse
2 El Butter
75 g saure Sahne

AUSSERDEM
Ziegenfrischkäse zum Servieren

Zubereitungszeit: 25 Minuten

1. Backofen auf 180 °C Umluft vorheizen. Brokkoli waschen und in kleine Röschen teilen. Babyspinat waschen. Zwiebel schälen und fein würfeln.

2. Die Zwiebelwürfel in 1 Esslöffel heißem Olivenöl in einem Topf glasig andünsten. Brokkoli hinzufügen, kurz mit andünsten. Dann die Brühe hinzugeben und den Brokkoli auf kleiner Hitze etwa 12 Minuten garen. Die letzten 3 Minuten den Babyspinat hinzugeben.

3. In der Zwischenzeit das Hackfleisch in etwas Olivenöl in einer Pfanne scharf anbraten. Zum Schluss mit Salz und Pfeffer würzen.

4. Währenddessen den Apfel waschen und in kleinere Würfel schneiden. Backpapier auf einem Backblech auslegen. Das fertige Hackfleisch flach auf dem Backblech verteilen. Die Apfelstückchen gleichmäßig darauf verteilen. Die Walnüsse mit den Fingern etwas zerkleinern und ebenfalls auf dem Blech verteilen. Die Butter in kleinen Portionen auf dem Blech verteilen und mit den Fingern in die Apfel-Walnuss-Hackmasse einarbeiten. Dann das Blech für ca. 8 Minuten auf mittlerer Schiene in den Ofen schieben.

5. Brokkoli und Spinat in der Gemüsebrühe pürieren. Die saure Sahne in die Suppe rühren und alles mit Salz und Pfeffer abschmecken. Suppe gegebenenfalls kurz warmhalten, bis der Hack-Crumble fertig ist.

6. Die Suppe in Schalen portionieren, den Hack-Apfel-Crumble und je 1 guten Teelöffel Ziegenfrischkäse darauf aufteilen und servieren. Dazu schmeckt Baguette oder ein kräftiges Bauernbrot.

#SPINAT

Spinat – früh geerntet als „Babyspinat" – mag es sonnig bis halbschattig und macht sich auch bei Frost nicht vom Acker (oder Pflanzkasten). Ernte ihn am besten frühmorgens, so bleibt er besonders knackig. Gute Pflanznachbarn sind Bohnen, Kohl, Tomaten, Gurken und Erdbeeren.

#SCHNITTLAUCH

Der Liebling aller Küchengärten bereichert deine Kochkünste fast das ganze Jahr mit seinem würzigen Geschmack. Schneide die Halme zum Ernten 2–3 cm über dem Boden ab (nicht ausreißen!), danach wird er wieder austreiben. Übrigens: Auch die Blüten und Knospen sind essbar – z. B. als besondere Zutat für Schnittlauchquark.

KLASSIKER AUS DER PFANNE

ZUCCHINI-KARTOFFEL-PUFFER mit Schnittlauchquark

Zutaten

FÜR 4 PORTIONEN

400 g festkochende Kartoffeln
250 g feste Zucchini
5 El Weizenmehl
3 Eier
Salz
Pfeffer
1 Bund Schnittlauch
1 Schalotte
3 El Öl
400 g Quark
einige Spritzer Zitronensaft

Zubereitungszeit: 40 Minuten

1. Die Kartoffeln schälen und mit der Kartoffelreibe fein raspeln. Auf ein Küchentuch geben und die Flüssigkeit ausdrücken. Die Kartoffelraspel in eine Schüssel geben.

2. Die Zucchini putzen, ebenfalls fein raspeln, zu den Kartoffeln geben und alles gut miteinander vermischen. Das Mehl darübersieben und gleichmäßig untermengen.

3. Die Eier in einer Schüssel kräftig verquirlen und dann zu der Zucchini-Kartoffel-Masse geben. Alles gut miteinander vermengen und mit Salz und Pfeffer würzen.

4. Den Schnittlauch in feine Röllchen schneiden. Die Schalotte schälen, halbieren und fein würfeln. 1 Esslöffel Öl in einer Pfanne erhitzen und die Schalottenwürfel darin glasig andünsten. Den Quark in eine Schüssel geben und mit den gedünsteten Schalottenwürfeln und den Schnittlauchröllchen verrühren. Mit einigen Spritzern Zitronensaft, Salz und Pfeffer abschmecken.

5. Das übrige Öl in einer großen Pfanne erhitzen. Aus dem Teig zwölf kleine Puffer formen und im heißen Öl von jeder Seite 3 Minuten goldbraun braten. Die Puffer auf etwas Küchenpapier abtropfen lassen. Auf Tellern anrichten und mit dem Schnittlauchquark servieren.

SOMMER IM GLAS

Eingelegte DILLGURKEN

Zutaten

FÜR CA. 4 GLÄSER À 500 ML

1 kg Salatgurken
2 Knoblauchzehen
12 Perlzwiebeln
200 g grobes Meersalz
500 ml Weißweinessig
400 ml trockener Weißwein
1 zerbröseltes Lorbeerblatt
4 El frisch gehackter Dill
1 Msp. Chilipulver
100 g Zucker
4 Tl Senfkörner

Zubereitungszeit: 30 Minuten
Plus Zeit zum Ziehen:
8–12 Stunden

1. Den Backofen auf 150 °C vorheizen. Die Gläser in der Spülmaschine spülen. Im Backofen 30 Minuten trocknen lassen und anschließend bis zum Befüllen mit der Öffnung nach unten auf ein sauberes Küchentuch stellen.

2. Die Gurken waschen, abtrocknen, putzen und in etwa 1 cm dicke Scheiben schneiden. Den Knoblauch schälen und in Scheiben schneiden, die Perlzwiebeln schälen und vierteln. Das Gemüse lagenweise mit dem Salz in eine Schüssel schichten. Mit einer Platte beschweren und mit einem sauberen Tuch bedeckt über Nacht ziehen lassen.

3. Das Gemüse unter fließendem Wasser abspülen, damit überschüssiges Salz entfernt wird, und abtropfen lassen. Die übrigen Zutaten mit 125 ml Wasser in einem Topf zum Kochen bringen und unter Rühren kochen, bis der Zucker gelöst ist. Das Gemüse dazugeben, 5 Minuten köcheln lassen, dann mit einem Schaumlöffel herausnehmen und auf die Gläser verteilen. Den Sud noch einmal aufkochen lassen, dann in die Gläser gießen, sodass das Gemüse vollständig bedeckt ist.

4. Die Gläser sofort verschließen und vor dem Verzehr etwa 4 Wochen kühl und dunkel lagern.

#DILL

Dill ist eine vergleichsweise anspruchslose und wuchsfreudige Balkonpflanze. Sie passt hervorragend in Salat, Kräuterbutter, zu Fisch – oder als Beetnachbar zu Möhren, Zwiebeln und Gurken. Am liebsten mag es Dill auf dem Balkon genauso wie die meisten Menschen, nämlich sonnig und windgeschützt.

(F)EINGEMACHT UND STREICHFERTIG

Scharfer BOHNENDIP

ZUTATEN FÜR 4 PORTIONEN

650 g Kidneybohnen (aus der Dose) • 165 g Tomatenpaprika (aus dem Glas) • 2 rote Chilischoten • 2 Knoblauchzehen • Salz Zitronensaft • 2 El Olivenöl

Zubereitungszeit: 15 Minuten

1. Die Kidneybohnen abspülen und in einem Sieb mit den Tomatenpaprika abtropfen lassen. Die Chilischoten putzen, entkernen und würfeln. Die Knoblauchzehen schälen und hacken.

2. Alle Zutaten im Mixer pürieren und mit Salz, Zitronensaft und Olivenöl abschmecken.

Mediterrane KIRSCHTOMATEN

ZUTATEN FÜR 4 PORTIONEN

2 Knoblauchzehen • 350 g Kirschtomaten • Meersalz 1 El Tomatenmark • 1 Prise Zucker • 1 Spritzer Balsamicoessig Olivenöl zum Braten

Zubereitungszeit: 10 Minuten • plus Garzeit: 10 Minuten

1. Die Knoblauchzehen abziehen und fein hacken. Die Kirschtomaten waschen, trocken tupfen und halbieren, ggf. die Stängelansätze entfernen.

2. Olivenöl in einer Pfanne erhitzen und den Knoblauch 1 Minute anbraten. Tomaten, etwas Meersalz und Tomatenmark zugeben und bei schwacher Hitze 10–15 Minuten einköcheln lassen. Mit Zucker und Balsamicoessig abschmecken.

#KIRSCHTOMATEN

Kirschtomaten sind besonders süßlich im Geschmack und aufgrund der – im Vergleich zu den großen Verwandten – geringen Größe der gesamten Pflanze perfekt für den Balkon geeignet. Selbst im Balkonkasten gedeihen sie gut, sofern ausreichend gedüngt und Staunässe vermieden wird.

AUBERGINENCREME

ZUTATEN FÜR 4 PORTIONEN

3 Auberginen • 1 Zwiebel • 2 Knoblauchzehen • Saft von ½ Zitrone
100 ml Öl • Salz • Pfeffer • ½ Bund gehackte Petersilie

Zubereitungszeit: 15 Minuten • plus Garzeit: 60 Minuten

1. Die Auberginen putzen, waschen, trocken tupfen und mit einer Gabel mehrmals einstechen. Mit 1 El Sonnenblumenöl bepinseln und etwa 40 Minuten im vorgheizten Ofen backen. Etwas abkühlen lassen, halbieren und das Fruchtfleisch herauslösen.

2. Die Zwiebel und Knoblauchzehen schälen und hacken. Die Zutaten mit dem Zitronensaft im Mixer pürieren. Das Öl langsam einrühren und die Creme mit Salz und Pfeffer abschmecken. Mit der gehackten Petersilie bestreut servieren.

#AUBERGINE

Auberginen sind Nachtschattengewächse. Sie mögen es also warm, am besten an einer Südwand, und haben was gegen Staunässe – und andere Nachtschattengewächse (z. B. Tomaten). Da die Anzucht aus Samen nicht ganz einfach ist, lohnt sich der Kauf vorgezogener Jungpflanzen. Es gibt für den Balkon auch Mini-Varianten dieses leckeren Gemüses!

SALSA VERDE

ZUTATEN FÜR 1 GLAS

2 Knoblauchzehen • 1 El Kapern • 1 rote Zwiebel • ½ Bund gehackte glatte Petersilie • ½ Bund Basilikum • 150 ml extra natives Olivenöl
½ El Rotweinessig • 1 Tl Senf • 1 El Zitronensaft • Salz • Pfeffer

Zubereitungszeit: 15 Minuten

1. Den Knoblauch schälen und fein hacken. Die Kapern abtropfen lassen und ebenfalls fein hacken. Zwiebel schälen und in sehr feine Würfel schneiden. Knoblauch, Kapern und Zwiebel in eine kleine Schüssel geben.

2. Petersilie und Basilikum waschen, trocken schütteln, die Blättchen abzupfen und sehr fein hacken. Zu der Knoblauchmischung geben und alles mit Olivenöl, Rotweinessig, Senf, Zitronensaft, Salz und Pfeffer würzen.

VERY BERRY

ROTE-BEEREN-GRÜTZE

mit Vanillequark

Zutaten

FÜR 4 PORTIONEN

120 g Erdbeeren
120 g Himbeeren
100 g Johannisbeeren
120 ml Kirschsaft
½ Tl Agar Agar
400 g Magerquark
2 Tl Vanillepulver

Zubereitungszeit: 25 Minuten

1. Die Beeren waschen, trocknen, putzen und verlesen. Die Erdbeeren halbieren. Die Johannisbeeren von den Stielen streifen.

2. Zwei Esslöffel Kirschsaft in eine Tasse füllen und das Agar Agar hineinrühren. Die Beeren in einen Topf geben, die Agar-Agar-Mischung und den restlichen Kirschsaft hinzufügen und kurz aufkochen lassen, dann ca. 2 Minuten sprudelnd kochen. Die Grütze in eine Schüssel füllen und abkühlen lassen. Danach im Kühlschrank vollständig auskühlen lassen.

3. In der Zwischenzeit Quark und Vanillepulver gründlich verrühren und in vier Dessertgläschen geben. Die Beeren-Grütze darauf verteilen.

#JOHANNISBEEREN

Die kleinen Vitamin-C-Bomben gibt es in rot, weiß und schwarz und sie sind köstlich in Desserts, Kuchen, Marmelade oder einfach von der Hand in den Mund. Auf dem Balkon brauchen sie ein ausreichend großes Gefäß, ein wenig Beerendünger und Frostschutz. Für den Anbau auf begrenztem Raum eignen sich kleine Stämmchen oder Säulenvarianten der normalerweise üppigen, großen Büsche.

GENUSS IN SCHICHTEN

BEEREN-TIRAMISU

mit Pistazien

Zutaten

FÜR 4 PORTIONEN

160 g Himbeeren
160 g Blaubeeren
20 g Pistazien
280 g Magerquark
1 Tl Vanillepulver
60 g Vollkornkekse
80 ml kalter Espresso

Zubereitungszeit: 20 Minuten

1. Die Beeren verlesen, waschen und vorsichtig trocken tupfen. Die Pistazien grob hacken.

2. Die Himbeeren in eine Schüssel geben und mit einer Gabel zerdrücken. Den Quark und das Vanillepulver unterheben und alles gut verrühren.

3. Die Vollkornkekse grob zerbröseln und auf 4 Gläser verteilen. Den Espresso darüberträufeln. Die Himbeercreme darauf verteilen. Zum Schluss die Blaubeeren und die Pistazien darüberstreuen.

#BLAUBEEREN

Blaubeeren sind wertvolle Vitamin-C-Lieferanten und stärken so das Immunsystem und kurbeln die Fettverbrennung an. Auf dem Balkon benötigen Sie ein sonniges Plätzchen, ausreichend Wasser und saure Erde (z. B. Rhododendronerde). Achtung, nicht alle Sorten sind balkongeeignet – manche können bis zu 3 m hoch werden!

EISKALTE BEERFRISCHUNG

SELBSTGEMACHTES ERDBEEREIS am Stiel

Zutaten

FÜR 4 PORTIONEN

100 ml Sahne
150 g Erdbeeren
2 El Zucker
100 g Sahnejoghurt

Zubereitungszeit: 15 Minuten
Plus Gefrierzeit: mind. 4 Stunden

TIPP
Das köstliche Eis schmeckt auch mit **HIMBEEREN** oder **MANGO** wunderbar!

1. Die Sahne steif schlagen. Die Erdbeeren vorsichtig waschen, trocken tupfen und putzen. In einer Schüssel mit einer Gabel zu grobem Mus zerdrücken, anschließend Erythrit und Sahnejoghurt unterrühren.

2. Die Sahne unterheben und die Masse in 4 Eis-am-Stiel-Förmchen (à ca. 75 ml Fassungsvermögen) füllen. Mit je einem Stiel versehen und mindestens 4 Stunden einfrieren.

#ERDBEEREN

Erdbeeren sind das ideale Naschobst. Speziell für die Bepflanzung von Kübeln, Kästen und Ampeln findest du im Gartencenter eine große Auswahl aromatischer Sorten. Manche blühen und fruchten monatelang, sodass du bis in den Herbst hinein ernten kannst. Auch die schöne, kräftig pinke Blühfarbe mancher Sorten verdient Beachtung!

HIMBEEREIS VOM BLECH

FROZEN YOGHURT

in Muffinform

Zutaten

FÜR 12 STÜCK

150 g Cornflakes
50 g Butter
2 El Honig
500 g griechischer Joghurt
90 g Zucker
Mark von 1 Vanilleschote
8 El Himbeerpüree
100 ml Schlagsahne

AUSSERDEM

12 frische Himbeeren zum Dekorieren
12 Muffin-Papierförmchen

Zubereitungszeit: 20 Minuten
Plus Gefrierzeit: 3 Stunden

1. Das Muffinblech mit Papierförmchen auslegen. Die Cornflakes in einen Gefrierbeutel geben, gut verschließen und mit einem Nudelholz grob zerkleinern.

2. Die Butter in einem Topf zerlassen, den Honig darin auflösen und die Cornflakes hineinrühren. Die Mischung auf die Papierförmchen verteilen und darin glatt verstreichen. Den Joghurt mit dem Zucker, dem Vanillemark und dem Himbeerpüree verrühren. Die Sahne halbsteif schlagen und unter den Joghurt heben.

3. Die Joghurtcreme über den Knusperboden geben und glatt streichen. ½ Stunde abgedeckt ins Gefrierfach stellen, dann auf jeden Joghurt 1 Himbeere setzen und weitere 2,5 Stunden durchfrieren lassen.

#HIMBEEREN

Himbeeren benötigen eigentlich viel Platz für ihre zahlreichen Wurzeln und Ableger. Mittlerweile gibt es aber auch kleine Züchtungen, die wunderbar einen Kübel bewohnen können, und häufig sogar zwei Mal im Jahr Früchte tragen. Am liebsten steht deine Himbeere auf einem Südbalkon.

BLUEBERRYLICIOUS

QUARKMUFFINS

mit Blaubeeren

Zutaten

FÜR 6 STÜCK

60 g Mozzarella, 250 g Magerquark
100 g Frischkäse, 2 Eier
Mark von ½ Vanilleschote
1 P. gemahlener Safran (0,1 g)
abgeriebene Schale von ½ unbehandelten Zitrone
1 Prise Salz, 2 El Birkenzucker
50 g frische Blaubeeren

AUSSERDEM
6er-Muffinform
Fett für die Muffinform

Zubereitungszeit: 10 Minuten
Plus Backzeit: 45 Minuten
Plus Zeit zum Abkühlen: 30 Minuten

1. Den Backofen auf 180 °C vorheizen und die Mulden des Muffinblechs gut einfetten.

2. Den Mozzarella gut abtropfen lassen und grob hacken. Mit Magerquark, Frischkäse und Eiern glatt pürieren. Vanillemark, Safran, Zitronenschale, Salz und Birkenzucker einrühren und den Teig in die Muffinformmulden gießen. Die Blaubeeren darauf verteilen.

3. Die Muffins im vorgeheizten Backofen ca. 45 Minuten backen und bei geschlossener Tür im Backofen auskühlen lassen.

#ZITRONEN

Ein Zitronenbäumchen im Kübel bringt Urlaubsflair auf den Balkon. Am liebsten mag dein Zitronenbaum eine sonnenbeschienene Wand im Rücken, die auch in der Nacht Wärme abgibt, und einen luftigen, aber nicht zu windigen Standort. Von Ende Mai bis Anfang Oktober darf der Baum auf dem Balkon stehen, im Winter zieht er am besten zu dir ins warme Wohnzimmer um.

HATTU MÖHRCHEN?

RÜBLI-CUPCAKES

mit Orangen-Topping

VEGAN

Zutaten

FÜR 12 STÜCK

FÜR DEN TEIG

200 g Möhren, 200 g Weizenmehl
200 g gemahlene Haselnüsse
110 g Zucker, 1 Prise Zimt
1 Prise Salz, 2 Tl Natron
120 ml kohlensäurehaltiges Mineralwasser
90 g Pflanzenöl, 2 El Apfelessig

FÜR DAS FROSTING

250 g Puderzucker
75 g vegane Margarine
2 El Orangensaft

AUSSERDEM

Fett für die Förmchen

Zubereitungszeit: 30 Minuten
Plus Backzeit: 25 Minuten
Plus Zeit zum Abkühlen: 30 Minuten

1. Den Backofen auf 180 °C vorheizen. Die Mulden des Muffinblechs fetten. Die Möhren schälen und fein reiben. Mit Mehl, Nüssen, Zucker, Zimt, Salz und Natron vermischen. Dann Mineralwasser, Öl und Apfelessig zugeben und alles zu einem glatten Teig verrühren.

2. Den Teig auf die Förmchen verteilen. Die Cupcakes im vorgeheizten Ofen etwa 25 Minuten backen, herausnehmen und vollständig auskühlen lassen.

3. In der Zwischenzeit für das Frosting alle Zutaten mit dem Handrührgerät luftig aufschlagen. Sofort kühl stellen.

4. Das Frosting mit einem Spritzbeutel auf die abgekühlten Muffins spritzen und diese sofort servieren.

#MÖHREN

Kann ich dieses lange Gemüse wirklich auf dem Balkon anbauen? Du kannst! Ein ausreichend großer Topf, Blumenkasten oder Mini-Hochbeet mit mindestens 20 cm Tiefe genügt und schon kann's losgehen. Alternative: kugelförmige Möhren, die weniger tief wurzeln.

ZUCCHINI ZUCKERSÜSS

ZUCCHINIKUCHEN

mit getrockneten Cranberrys

Zutaten

FÜR 1 KASTENFORM VON 30 CM LÄNGE

FÜR DEN TEIG

300 g Zucchini
Salz
200 g weiche Butter
150 g Zucker
5 Eier
250 g Dinkelmehl
100 g gemahlene Haselnüsse
2 Tl Weinsteinbackpulver
½ Tl Zimt
1 Msp. gemahlene Nelken
75 g getrocknete Cranberrys
75 g Frischkäse

FÜR DIE GLASUR

150 ml Cranberrysaft
200 g Butter
250 g Puderzucker

AUSSERDEM

Butter und Mehl für die Form

Zubereitungszeit: 40 Minuten
Plus Backzeit: 50 Minuten
Plus Ruhezeit: 10 Minuten
Plus Zeit zum Abkühlen: 30 Minuten

1. Die Zucchini waschen und putzen. (Möglichst unbehandelte Zucchini verwenden und dann mit Schale raspeln.) Die Zucchiniraspel mit ½ Teelöffel Salz bestreuen und ca. 10 Minuten stehen lassen.

2. Den Backofen auf 160 °C vorheizen. Eine Kastenform mit Butter einfetten und mit Mehl ausstäuben. Die Butter mit 100 g Zucker ca. 10 Minuten schaumig quirlen. Die Eier trennen. Nach und nach die Eigelbe unter die Buttermischung quirlen. Eiweiße mit 1 Prise Salz anschlagen, dann den restlichen Zucker hinzugeben und die Masse steif schlagen.

3. Mehl, Haselnüsse, Backpulver, Zimt- und Nelkenpulver mischen und zum Teig geben. Die Cranberrys grob hacken und mit dem Frischkäse ebenfalls hinzugeben. Die Zucchiniraspel sanft ausdrücken, mit Küchenkrepp trocken tupfen, dann ebenfalls zum Teig geben. Alles verrühren. Zuerst mit der Hälfte des Eischnees auflockern, dann den restlichen Eischnee unterheben.

4. Den Teig in die Form füllen, glatt streichen und auf der mittleren Schiene ca. 50 Minuten backen. Nach einer Stäbchenprobe herausnehmen und ca. 10 Minuten in der Form ruhen lassen. Auf ein Kuchengitter stürzen, sofort wieder umdrehen und vollständig auskühlen lassen.

5. Für die Glasur den Cranberrysaft bei starker Hitze um die Hälfte einkochen, vom Herd ziehen, die Butter in Stückchen in dem Saft zerlassen und die Mischung in eine Rührschüssel füllen. Den Puderzucker sieben und nach und nach darunterquirlen, dann den Kuchen mit der lauwarmen Glasur überziehen und alles aushärten lassen.

#ZUCCHINI

Gemüse im süßen Kuchen? Ja, genau! Deine Balkonzucchini sind die perfekte Zutat für gemütliche Kaffeestunden am Sonntagnachmittag. Denn sie haben wenig Eigengeschmack und bringen viel Wasser mit. Das macht deinen Kuchen wunderbar saftig, und zwar auch noch am nächsten und übernächsten Tag. Falls dann noch was übrig ist …

GRÜN, GRÜNER, GRÜNE SMOOTHIES

RUCOLASMOOTHIE *mit Gojibeeren*

FÜR 2 GLÄSER À CA. 375 ML

2 El getrocknete Goji-Beeren • 100 g Rucola • 4 Stängel Petersilie
1 Avocado • 1 Zitrone • 200 g gelbe Pflaumen • 1 Handvoll Eiswürfel
Mineralwasser nach Belieben

Zubereitungszeit: 10 Minuten • plus Einweichzeit: 30 Minuten

1. Die Goji-Beeren in 200 ml kaltem Wasser ca. 30 Minuten einweichen. Dann mitsamt dem Einweichwasser in den Mixer geben.

2. Den Rucola und die Petersilie waschen, putzen und zerteilen. Die Avocado halbieren, den Stein entfernen und das Fruchtfleisch herauslöffeln. Die Zitrone auspressen und den Saft mit dem Avocado-Fruchtfleisch mischen. Die Pflaumen waschen, halbieren und die Steine entfernen. Alles zusammen in den Mixer geben und glatt pürieren.

3. Die Eiswürfel und nach Belieben 1 Schuss Mineralwasser hinzugeben. So lange pürieren, bis die Konsistenz glatt und sämig ist.

MANGOLDSMOOTHIE *mit Ananas*

FÜR 2 GLÄSER À CA. 350 ML

125 g Mangold-Blätter ohne Stängel • 2 Tl Brennnessel-Pulver
300 g Ananas • 1 Limette • 1–2 El Agavendicksaft
1 Handvoll Eiswürfel

Zubereitungszeit: 10 Minuten

1. Mangold waschen und in Stücke teilen. Zusammen mit dem Brennnessel-Pulver in den Mixer geben. Die Ananas schälen, die Augen entfernen und das Fruchtfleisch mitsamt dem harten Mittelstück grob zerteilen.

2. Die Limette auspressen. Zusammen mit 1 Esslöffel Agavendicksaft und der Ananas in den Mixer geben. Alles mit 200 ml Wasser glatt pürieren.

3. Die Eiswürfel hinzugeben und so lange mitmixen, bis eine glatte Konsistenz erreicht ist. Nach Belieben noch 1 weiteren Esslöffel Agavendicksaft hinzugeben.

#MANGOLD

Der leckere und gesunde Mangold ist auch auf deinem Balkon ein echter Augenschmaus. Neben der klassisch grün-weißen Variante gibt es ihn mit leuchtend gelben oder roten Stängeln. Ernte regelmäßig die äußeren Blätter ab, dann braucht deine Mangoldpflanze weniger Platz. Wenn du Mangold nicht für einen Smoothie verwendest, kannst du ihn ähnlich wie frischen Spinat zubereiten.

ERFRISCHEND MINZIG

PFIRSICH-EISTEE

mit Minze

FÜR 4 GLÄSER

4 Teebeutel mit schwarzem oder grünem Tee • 2 reife Pfirsiche
2 El frisch gepresster Zitronensaft • 1 kl. Bund Minze • 1 El klarer Honig

Zubereitungszeit: 10 Minuten
Plus Zeit zum Ziehen und Kühlzeit: je 3 Stunden

1. Für den Tee 1 l kaltes Wasser mit den Teebeuteln in ein hohes Gefäß geben und 3 Stunden ziehen lassen.

2. Die Pfirsiche schälen, halbieren, den Stein entfernen und die Pfirsichhälften in kleine Stücke schneiden. Die Teebeutel entfernen und die Pfirsichstücke, den Zitronensaft, 10 Minzblätter und den Honig in das Gefäß geben. Mit dem Stabmixer sehr fein mixen.

3. Den Eistee in eine Flasche füllen und für 3 Stunden in den Kühlschrank stellen. Gläser mit Eiswürfeln füllen, jeweils 1 Minzzweig hineingeben und den Pfirsich-Minz-Eistee einfüllen. Eiskalt genießen.

#MINZE

Minze ist ein echter Allrounder in der Küche und dazu noch sehr gesund. Als Pflanze ist das erfrischende Kraut extrem unkompliziert. Lockerer, feuchter Boden und ein halbschattiger bis sonniger Standort und schon ist die Minze zufrieden. Die Auswahl verschiedener Sorten ist riesig. Von klassischer Pfefferminze über fruchtige Varianten aller Art und sogar Weinminze ist alles dabei.

HIMBEER-LIMONADE

FÜR CA. 1 ½–2 L

500 g Himbeeren • Saft von 1 Zitrone • 70 g Zucker • 5 Minzezweige
1–2 Liter Mineralwasser mit Kohlensäure
AUSSERDEM: Crushed Ice • Minzeblättchen zum Garnieren

Zubereitungszeit: 25 Minuten • plus Zeit zum Abkühlen: 30 Minuten

1. Die Himbeeren verlesen, waschen und auf Küchenkrepp abtropfen lassen. Mit Zitronensaft und Zucker in einen Topf geben und bei milder Hitze etwa 6 Minuten dünsten. Den Topf vom Herd ziehen.

2. Die Minze waschen und trocken tupfen. In die heiße Himbeermischung legen und etwa 10 Minuten darin ziehen lassen. Die Mischung durch ein Sieb streichen und vollkommen auskühlen lassen.

3. Das Himbeermark auf Gläser verteilen, 2–3 Esslöffel Crushed Ice hinzugeben und alles mit Mineralwasser vorsichtig auffüllen. Mit Minze garniert sofort servieren.

REZEPTVERZEICHNIS

STICHWORTVERZEICHNIS

PFLANZENREGISTER

SYMBOLE BEI DEN PFLANZENPORTRÄTS

sonnig	Wuchshöhe	Giftig
halbschattig	Pflanzzeit	Starkzehrer
schattig	Duftpflanze	Mittelzehrer
Erntezeit	Bienenweide	Schwachzehrer
Blütezeit	Schmetterlingsweide	

Texte:

Peter Bachstein, Hans-Werner Bastian, Erika Börner, Brunhilde Bross-Burkhardt, Elena Bruns, Melanie Goldmann, Ulrike Herzog, Petra Kästner-Henn, Karolin Küntzel, Jana Lösch, Christa Pöppelmann, Christine Weidenweber; unter Mitarbeit von Peter Himmelhuber und Claus Scholz; **Rezepte:** Katja Briol (S. 94, 114, 115), Guido Gravelius (S. 100, 103, 109, 123 o.), NGV (S. 96, 99, 101, 104, 106, 113 u., 116, 117, 119, 120, 122, 123 u.), Anne Peters (S. 95, 98, 110, 118), Annerose Sieck (S. 112 u.), Sylvia Winnewisser (S. 112 o., 113 o.); **Kreativmodelle:** Marie Berger und Manuel Obriejetan (S. 88), Flora Press/flora production (S. 82/83), Flora Press/Melli Freudenberg (S. 80 l.), Flora Press/Garten Fräulein (S. 84), Flora Press/Mina Hesse (S. 81 r., 90/91), Flora Press/Jenkins Fotografie (S. 79), NGV (S. 80 r., 81 l.)

Illustrationen:

stock.adobe.com: © Good Studio, © lilett, © Marina Zlochin, © Utro na more; **Freepik.com:** © Freepik (Flamingo S. 89), © gstudioimagen (Glühbirnen S. 90)

Fotos:

Flora Press: Flora Press/flora production (S. 82/83), Flora Press/Melli Freudenberg (S. 80 l.), Flora Press/Garten Fräulein (S. 85), Flora Press/Mina Hesse (S. 81 r., 90/91), Flora Press/Jenkins Fotografie (S. 79); **stock.adobe.com:** © acrogame (S. 112 u.), © Adeana (S. 78), © adinamnt (S. 65 u.), © Africa Studio (S. 76 o. l., 76 u., 81 l., 87), © agenturfotografin (S. 30 2. v. u., 66 o.), © alicja neumiler (S. 121 kl. Foto), © alicja neumiler (S. 43 o.), © annanahabed (S. 9 o. 2. v. l., 19 u.), © artursfoto (S. 26), © aspen rock (S. 41 o.), © avoferten (S. 103), © Aycatcher (S. 2 o., 12 u., 13 l.), © ClaraNila (S. 24 o. l., 61 o., 72 M.), © cmnaumann (S. 40 o. l.), © contadora1999 (S. 16 u.), © Dalmatin.o (S. 4 2. v. o.), © DGC (S. 54 u.), © dimakp (S. 118 u.), © dk-fotowelt (S. 52 u., 127), © Dmitriy (S. 71), © eagle (S. 40 u. r.), © EdNurg (S. 6), © Evgenia (S. 107 kl. Foto), © Evgenia (s. 45 o.), © Fiedels (S. 8 u.), © FotoHelin (S. 24 o. r., 25 o.), © Frank (S. 53 u.), © frilled_dragon (S. 4 M., 23), © gabort (S. 57 u.), © Gabriel (Gabi), Bucataru/Stocksy (S. 65 o.), © geografika (S. 30 M., 37 u.), © goodmoments (S. 50), © Graham (S. 40 o. r., u. l.), © gratysanna (S. 69 M.), © Gregory Lee (S. 11 u.), © gudrun (S. 16 l.), © HaiGala (S. 52 o.), © hansgeel (S. 80 r.), © hcast (S. 66 u. r., 75 o.), © Helga Fluey (S. 67 u. l., 72 u.), © Hristina (S. 19 o. l.), © ID1974 (S. 114 u.), © Ingo Bartussek (S. 12 o.), © ingusk (S. 18 l.), © iredding01 (S. 75 M. l.), © Iva (S. 57 o.), © IVASHstudio (S. 76 o. r., 86 u.), © JMP Traveler (S. 24 u.), © jonnysek (S. 47 M., 115 u.), © Jürgen Kottmann (S. 22), © JuriAlexander (S. 53 o.), © katacarix (S. 49 u.), © Kristen (S. 27), © LaSu (S. 98 u.), © M. Schuppich (S. 47 u., 56 o.), © maljalen (S. 15 u. r.), © Martina (S. 21 r.), © Melica (S. 119 u.), © Mickis Fotowelt (S. 55 o.), © MityaC13 (S. 39 o.), © nataliakaryagina (S. 67 o. r.), © natalysavina (S. 74 u. l.), © n_balitskaya (S. 86 o.), © New Africa (S. 51 u. l.), © Nick Pecker (S. 58, 126), © Nick Taurus (S. 2 u., 61 u.), © Nicolette Wollentin (S. 56 u.), © olyapon (S. 28 l.), © Patrizia Tilly (S. 7 o.), © Petra Schueller (S. 15 u. l.), © Photographee.eu (S. 11 o. r.), © Pietro (S. 54 o.), © PIXATERRA (S. 2 M., 28 r., 42 o., 70 u.), © piXuLariUm (S. 46 u., 117 u.), © reichdernatur (S. 36 u.), © Robert (S. 48), © Scheer Sieglinde (S. 4 2. v. u., 9 o. l., 19 o. r.), © sharohyip (S. 59 o.), © shiro2mashiro (S. 67 o. l.), © simona (s. 53 u.), © SimpLine (S. 20), © skymoon13 (S. 59 M.), © Stefan Körber (S. 62 u.), © StockOption (S. 11 o. l.), © svetlana177 (S. 67 u. r.), © svetprivet (S. 44 o.), © Szasz-Fabian Jozsef (S. 4 o., 17), © Thomas (S. 9 o. 2. v. r., 35 M.), © ULD media (S. 21 l.), © Werner Lerooy (S. 49 o.), © Wirestock (S. 10), © Wolfgang Berroth (S. 68), © Светлана Евграфова (S. 122 u.), © Юлия Ефимова (S. 37 o.), © 雄二森 (S. 62 o.); **Fotolia.com:** © Christian Jung (S. 9 o. r.), © Friedberg (S. 33 M.), © hcast (S. 33 o.), © Hristina (S. 18 r.), © maljalen (S. 116 u.), © Marina (S. 32 o.), © Mattoff (S. 45 u.), © MaxWo (S. 75 u.), © russell102 (S. 69 u.), © Viktoria (S. 30 u., 75 M. r.); **Shutterstock.com:** © Andrei Nekrassov (S. 101 u.), © Andrei Nekrassov (S. 44 u.), © Andrew Pustiakin (S. 59 u.), © Dennis Pogostin (S. 43 u., 113 M.), © Ekaterina Usenko (S. 33 u., 105), © Eric Buermeyer (S. 69 o.), © EsfilPla (S. 111 kl. Foto), © FunFamilyRu (S. 99 u.), © Igor Normann (S. 42 u.), © J.A.Romanik (S. 100 u.), © Kei Tsuzura-hara (S. 34 o.), © Magdalena Kucova (S. 34 u.), © Michal_R (S. 39 u., 72 o., 97 kl. Foto), © MityaC13 (S. 39 o., 95 u.), © NickKulch (S. 123 M.), © NinaMarya (S. 30 2. v. o., 35 u.), © Rainer Fuhrmann (S. 51 u. r.), © Rasa Arlauskiene (S. 41 u., 94 u.), © Skyprayer2005 (S. 32 u.), © STORM INSIDE PHOTOGRAPHY (S. 51 o.), © ur72 (S. 108 kl. Foto), © vaivirga (S. 38); **Colourbox.de:** S. 74 o. l.; **PIXELO:** © Hauck, M. (S. 63 o.), © Kiefer, Johannes (S. 47 o.); **Freepik.com:** © Inalexphotography (S. 9 o. r.)

Studio Klaus Arras (S. 92 o., 92 2. v. u., 94 o., 98 o., 114 o., 115 o., 116 o., 124); **Maria Brinkop** (S. 106 gr. Foto); **Brunhilde Bross-Burkhardt** (S. 7 u., 64 o., 66 u. l.); **Peter Himmelhuber** (S. 64 u., 70 o.); **Beeke Janson** (S. 8 o., 9 u., 13 r., 29 l., 34 M., 36 o., 46 o., 74 u. l.); **Kay Johannsen** (S. 39 M., 92 M., 100 o., 102, 108 gr. Foto, 123 o.); **André Köhl** (S. 76 M., 88); **Nils Nienhagen** (S. 25 u.); **Wolfgang Redeleit** (S. 4 u., 14, 15 o.); **TLC Fotostudio** (S. 92 2. v. o., 95 o., 97 gr. Foto, 99 o., 101 o., 105 gr. Foto, 111 gr. Foto, 112 o., 112 M., 113 o., 117 o., 118 o., 119 o., 121 gr. Foto, 122 o., 122 M., 123 u., 92 u.); **Verlagsarchiv** (S. 113 u.); **Monika Zilliken, BilderKiste** (S. 29 r., 63 u.)

Cover & Layout: Nadine Wagner
Satz: Melanie Krötz
Redaktion: Elena Bruns, Beeke Janson

Emil-Hoffmann-Straße 1
D–50996 Köln
Gesamtherstellung: Naumann & Göbel Verlagsgesellschaft mbH, Köln